Kohlhammer

Die Autorin

Angelika Rohwetter ist Diplom-Psychologin und arbeitet seit 25 Jahren als tiefenpsychologische Therapeutin in eigener Praxis in Bremen. Sie hat eine abgeschlossene Ausbildung als Bioenergetische Analytikerin (CT) und Fortbildungen mit den Schwerpunkten Traumatherapie (Reddemann) und Arbeit mit älterwerdenden Menschen (Radebold) absolviert. Darüber hinaus ist sie als Autorin sowie Dozentin bei Fortbildungen tätig.

Angelika Rohwetter

Was wäre wenn ...

Überraschende Interventionen
für schwierige
Therapiesituationen

Verlag W. Kohlhammer

Dieses Werk einschließlich aller seiner Teile ist urheberrechtlich geschützt. Jede Verwendung außerhalb der engen Grenzen des Urheberrechts ist ohne Zustimmung des Verlags unzulässig und strafbar. Das gilt insbesondere für Vervielfältigungen, Übersetzungen, Mikroverfilmungen und für die Einspeicherung und Verarbeitung in elektronischen Systemen.

Die Wiedergabe von Warenbezeichnungen, Handelsnamen und sonstigen Kennzeichen in diesem Buch berechtigt nicht zu der Annahme, dass diese von jedermann frei benutzt werden dürfen. Vielmehr kann es sich auch dann um eingetragene Warenzeichen oder sonstige geschützte Kennzeichen handeln, wenn sie nicht eigens als solche gekennzeichnet sind.

Es konnten nicht alle Rechtsinhaber von Abbildungen ermittelt werden. Sollte dem Verlag gegenüber der Nachweis der Rechtsinhaberschaft geführt werden, wird das branchenübliche Honorar nachträglich gezahlt.

Dieses Werk enthält Hinweise/Links zu externen Websites Dritter, auf deren Inhalt der Verlag keinen Einfluss hat und die der Haftung der jeweiligen Seitenanbieter oder -betreiber unterliegen. Zum Zeitpunkt der Verlinkung wurden die externen Websites auf mögliche Rechtsverstöße überprüft und dabei keine Rechtsverletzung festgestellt. Ohne konkrete Hinweise auf eine solche Rechtsverletzung ist eine permanente inhaltliche Kontrolle der verlinkten Seiten nicht zumutbar. Sollten jedoch Rechtsverletzungen bekannt werden, werden die betroffenen externen Links soweit möglich unverzüglich entfernt.

1. Auflage 2022

Alle Rechte vorbehalten
© W. Kohlhammer GmbH, Stuttgart
Gesamtherstellung: W. Kohlhammer GmbH, Stuttgart

Print:
ISBN 978-3-17-039798-9

E-Book-Formate:
pdf: ISBN 978-3-17-039799-6
epub: ISBN 978-3-17-039800-9

Inhalt

	Vorwort	9

1	**Deus ex Machina – Schnelle Hilfen**	**13**
1.1	Die aktuelle Not beruhigen	14
1.2	Ganz entspannt im Hier und Jetzt	16
1.3	Über Sprechen und Sprache	18
1.4	Ein Damm gegen emotionale Überflutungen	20

2	**Körper und Geist verbinden**	**22**
2.1	Vom Loslassen	23
2.2	Ein gutes Wort zur rechten Zeit	25
2.3	Methoden der Überraschung: Die Impact-Techniken	28

3	**Ich denke: So bin ich – und so sollte ich sein**	**32**
3.1	Focusing	32
3.2	Glaubenssätze	33
3.3	Über-Ich und Ich-Ideal	39
3.4	Das ist aber egoistisch!	42
3.5	Das Wunsch-Ich	43

4	**Wollen wir das mal spielen?**	**45**
4.1	Verrückt spielen	46
4.2	Szenische Darstellungen – Rollenspiele	48
4.3	Innere Kinder und andere verborgene Kräfte	52
4.4	Die Ego-State-Therapie	54
4.5	Schematherapie	59
4.6	Das Psychodrama	61
4.7	Kleine Theaterstücke	62
4.8	Kartenspielen	67
4.9	Die ganze Familie auf dem Tisch	67

Inhalt

5	**In der Sprache des Körpers sprechen**	**69**
5.1	Erste Worte in der Sprache des Körpers	70
5.2	Die Seele über den Körper ausdrücken	72
5.3	Kleine und größere Entspannungen	73
5.4	Bauchgefühle	76
5.5	Der Körper spricht – und hört	78
6	**Komm, ich erzähl dir eine Geschichte**	**81**
6.1	Geschichten in der Psychotherapie	82
6.2	Geschichten aus dem echten Leben	86
6.3	Märchen erzählen	89
6.4	Erzähl mir deinen Traum	92
7	**Was wäre, wenn… – Gedankenspiele**	**98**
7.1	Fantasie als helfende Instanz	100
7.2	In den Alltag hineinwirken	104
7.3	Katathymes Bildererleben oder: Was wäre Frau X. für eine Pflanze?	106
7.4	Lösungen entwerfen	107
8	**Seele auf Papier**	**110**
8.1	Ich schreib dir einen Brief	111
8.2	Fallgeschichte: Sehr geehrte Frau R. – Liebe Beate	115
8.3	Briefe für viele Lebenslagen	116
8.4	Liebesbriefe – Ein bunter Garten	117
8.5	Therapeutische Briefe	120
8.6	Gefühle in Tabellen und Skalen	121
8.7	Tagebücher und andere täglichen Übungen	124
9	**Alle Wünsche kann man nicht erfüllen – aber viele**	**130**
9.1.	Fallbeispiel: Herr M. und das Fahrrad	131
9.2	Kompensatorische Wunscherfüllung	133

10	**Psychoedukation, Humor und Fallen**	**137**
10.1	Was passiert hier eigentlich? – Psychoedukation	137
10.2	Fragen	139
10.3	Einführung in theoretische Konzepte	140
10.4	Humor ist, wenn man...?	143
10.5	Therapiefallen	149

11	**Rollenverständnis und Rollensicherheit**	**156**
11.1	Das Wichtigste ist, dass es dem Therapeuten gut geht	157
11.2	Therapie ist ein Raum, in dem zwei Menschen zu Hause sind	161
11.3	Beziehung und Freude sind die Hauptwirkfaktoren	162
11.4	Der Therapeut kann (fast) gar nichts falsch machen	165
11.5	Wie der Patient sein Leben gestaltet, ist allein seine Sache	166
11.6	Wir können nicht allen Menschen helfen	168
11.7	Die Therapeutin darf Stellung beziehen	169

12	**Anhang**	**171**
12.1	Kleine Sammlung von Geschichten und klugen Sprüchen	171
12.2	Aphorismen und andere Weisheiten	174

Literatur   **176**

Vorwort

Dieses Buch entstand im Verlauf meiner über dreißig Jahre langen praktischen Arbeit als Psychotherapeutin. Manche Ideen sind in schwierigen Therapiesituationen spontan aufgetaucht. Viele sind zusammengetragen aus dem reichen Schatz unterschiedlicher therapeutischer Methoden und Theorien. Dabei habe ich viel angehäuft, was mir in meiner professionellen Entwicklung begegnet ist. Meine Lebenswege waren nicht sehr gerade, auch nicht die Laufbahn als Psychotherapeutin. Ich habe meine Approbation durch die Übergangsbestimmungen des Therapeutengesetzes (1999) erhalten. Davor habe ich einige Jahre im Kostenerstattungsverfahren gearbeitet. Das war kein Problem, die Praxis füllte sich schnell mit Patientinnen. Interessant waren die unterschiedlichen Anforderungen, die die Krankenkassen an die Therapeuten stellten. Während die meisten Kassen Anträge und Berichte in einer zugelassenen Therapieform erwarteten, verlangte die Techniker Krankenkasse ausdrücklich eine methodenübergreifende Psychotherapie. So durfte ich – ganz legal – meine Kenntnisse aus allen möglichen Schulen der Humanistischen Psychologie einsetzen, als da waren: Körperpsychotherapie (Bioenergetische Analyse nach Alexander Lowen), Gestalttherapie, Psychodrama, Transaktionsanalyse und natürlich tiefenpsychologisch fundierte Psychotherapie. Mit diesen Methoden habe ich in meiner Arbeit in der psychologischen Beratungsstelle der Universität Bremen Erfahrungen gesammelt. Hinzu kamen einige Fortbildungen, zum Beispiel das *Katathym-Imaginative Bilderleben* nach dem Psychiater Hanscarl Leuner (1919–1996) und die Arbeit *Imaginationen bei Traumafolgen* nach der Ärztin und Psychoanalytikerin Luise Reddemann (*1943).

Heute sind nicht mehr alle diese Verfahren Teil meiner Arbeit. Zu Beginn meiner Kassenzulassung arbeitete ich streng tiefenpsychologisch. Nach und nach schlichen sich die alten Kenntnisse der humanistischen Psychologie wieder ein. Und ich freue mich daran. Manchmal sind es Augenblicke im therapeutischen Prozess, die einen kleinen Impuls brauchen, um aus einer Falle herauszukommen. Manche Interventionen benutze ich seit einem längeren Zeitraum und sie bilden einen Teil dieses Prozesses, so zum Beispiel das Schreiben oder die Arbeit mit Imaginationen. Dabei sehe ich nicht mehr die Notwendigkeit, streng nach den Richtlinien zu arbeiten. Alle Interventionen, die in diesem Buch beschrieben sind, lassen sich in jede Richtlinientherapie integrieren. Ihre Ergebnisse zeigen sich sowohl im

Erfolg der einzelnen Übungen, im Widerstand, den die Patientin diesen Vorschlägen entgegenbringt als auch in Übertragungs- und Gegenübertragungsreaktionen.

Gerade das kleinere oder größere Abweichen von unseren – in der Regel erfolgreichen – Konzepten kann vieles in Bewegung setzen. Möglicherweise erhalten wir neue Diagnosekriterien, neue Einblicke in psychodynamische Zusammenhänge oder wichtige Hinweise auf den Stand der therapeutischen Beziehung.

Zu manchen Techniken, die ich beschreibe, gibt es ausführliche Falldarstellungen. Damit verbinde ich den Gedanken, dass Sie, liebe Kolleginnen und Kollegen, sich besser vorstellen können, wie ich diese Intervention einsetze. Im Idealfall entsteht bei Ihnen dann die Idee, zu welchem Patienten sie passen könnte. Natürlich dürfen Sie jeden Vorschlag verändern – und eigene Methoden und Techniken entwickeln. Es würde mich freuen, wenn ich Ihre Fantasie dazu angeregt habe. Ein Tipp: Viele inspirierende Ideen, die ich bei Fortbildungen erhalten habe, hatte ich schnell wieder vergessen. Darum habe ich mir angewöhnt, kleine Notizen während der Veranstaltung zu machen. Da steht dann zum Beispiel: »Mit Frau H. ausprobieren. Passt wunderbar zu Herrn M.«

Noch ein paar Hinweise: Dies ist ein Praxisbuch. Ich habe auf tiefgehende Darstellungen der zugrunde liegenden Theorien ebenso verzichtet wie auf wissenschaftliche Wirksamkeitsnachweise. Manche Ideen sind in schwierigen Therapiesituationen spontan entstanden. Die erreichte Wirkung in der Praxis war mir Grund genug, dieses Buch so zu schreiben, wie es jetzt vor Ihnen liegt. Überhaupt bin ich der Ansicht, dass der Charakter des Therapeuten und eine funktionierende Arbeitsbeziehung die allerbesten Wirkfaktoren sind, und zwar in Gestalt von Geduld, Akzeptanz, Humor, Fantasie – und der aufmerksamen Präsenz des Therapeuten.

Vielleicht werden Ihnen manche meiner Erklärungen und persönlichen Gedanken in den einzelnen Kapiteln lang vorkommen und Sie sagen sich: »Das weiß ich doch alles!« Da haben Sie sicher recht. Was ich beschreibe, entspricht im Wesentlichen dem, was ich auch Patienten als Psychoedukation anbiete, deshalb schien es mir richtig, es aufzuschreiben.

Ich weiß, dass ich mich an verschiedenen Stellen wiederhole. Das ist kein Versehen. Manche Gedanken aus einem Kapitel sind in anderen Zusammenhängen einfach auch wichtig. Und ich wollte zu viele Verweise vermeiden. Dabei gehe ich davon aus, dass ein solches Buch nicht von Anfang bis Ende durchgelesen wird. Sie können sich punktuell aussuchen, was Ihnen im Moment hilfreich für Ihre Arbeit erscheint. Deshalb gibt es auch die ausführliche Inhaltsangabe.

Lassen Sie sich nicht erschrecken von den manchmal recht alten Buchtiteln in der Literaturliste. Die Schriften (vielleicht schon) verstorbener Praktiker können immer noch Schatzkisten mit anregenden Vorschlägen und hilfreichen Praktiken sein. Sie können unsere Handlungsimpulse stärken und uns Mut zu kreativer Therapiearbeit machen. Manche bieten nebenbei auch interessante Einblicke in die Geschichte, also in die Zeit, in der sie entstanden sind und in die Entwicklung psychologischer Paradigmen. Hierfür ist mein Lieblingsbeispiel das Buch *Grundformen der Angst* des Psychoanalytikers Fritz Riemann (1902–1979), das 1961 zum ersten Mal erschienen ist und ein interessantes Frauen- bzw. Rollenbild darstellt.

Wundern Sie sich bitte nicht, wenn nicht alle im Literaturverzeichnis aufgelistete Bücher im Text wiederzufinden sind. Manche dienten mir einfach als Anregungen für dieses Buch und für meine praktische Arbeit. Das ist ein weiteres Merkmal des hier vorlegenden Buches. Es ist kein theoretisches Fachbuch, sondern ein Praxisbuch.

In diesem Sinne wünsche ich Ihnen, liebe Kolleginnen und Kollegen, Freude und therapeutische Erfolge! Ich hoffe, dass das Buch ein wenig dazu beitragen kann.

Wichtig ist mir auch, mich bei einigen Menschen zu bedanken, zuerst bei Frau Annika Grupp, aus der Lektoratsleitung Psychologie des Kohlhammer Verlages, die mich gefunden und mir damit ermöglicht hat, dieses Buch zu schreiben. Ein Dank geht wie immer auch an meine Familie, meinen Sohn Florian, mit dem ich über den Titel diskutiert habe und dem ich die Metapher vom Deus ex Machina verdanke. Ich bedanke mich bei meinem Sohn David, der die Formatierung übernommen und das Literaturverzeichnis auf wissenschaftlich korrekte Form gebracht hat. Besonders wichtig bei der Entstehung aller meiner Bücher ist mein Mann Jens, der nicht nur ein Supertalent im Korrekturlesen ist, sondern mir auch im Alltag dabei hilft, Zeit fürs Schreiben zu haben.

Noch eine Bemerkung zu meinem Gebrauch des grammatischen Geschlechts: Ich habe mich vorwiegend des Femininums bedient, sowohl bei Patient*innen als auch bei Therapeut*innen, weil das nicht nur das Schreiben und Lesen leichter macht, sondern auch die Realität der psychotherapeutischen Arbeit spiegelt.

Ich freue mich über Berichte, Hinweise und Anregungen, Sie können mich über meine Website *www.angelika-rohwetter.de* erreichen.

1

Deus ex Machina – Schnelle Hilfen

Patientinnen erwarten oft schnelle Hilfe, insbesondere, wenn sie mit einem drängenden Problem im Rahmen einer Akuttherapie in die Praxis kommen. Leider gibt es keinen Knopf, auf den zu drücken bewirkt, dass es *nicht mehr so wehtut*. Und doch gibt es die eine oder andere Technik zur Beruhigung der aufgewühlten Seele. Hier führe ich manchmal den Deus ex Machina ein.

Übersetzt in eine klassische Metapher wünschen sich viele Patienten einen Deus ex Machina. Manche Situationen lassen sich schon dadurch beruhigen, dass ich diese antike Theaterfigur erwähne und erzähle, wer oder was das ist. Hier eine Beschreibung:

Der *Deus ex Machina*, also lateinisch für den Gott aus der Maschine, ist eine plötzlich auftauchende, machtvolle rettende Gestalt. Ursprünglich geht es um eine Figur aus dem griechischen Theater, die Menschen rettete oder Tote wieder ins Leben zurückholte. Diese Gestalt wurde mit Hilfe eines Kranes (also einer Maschine) auf die Bühne gesetzt. So konnten am Ende alle Verwirrungen aufgelöst, Unschuld bewiesen oder Ängste beschwichtigt werden – alles wurde gut. Heute nennt man das Happy End, und auch dieses wird in Filmen und Büchern oft durch einen *Deus ex Machina* herbeigeführt. So kommt in der letzten Sekunde ein Feuerwehrmann in das brennende Haus, um eine Geisel zu retten, vor Gericht tritt ein Überraschungszeuge auf usw. Nur bei den alten Griechen musste es tatsächlich immer eine Göttin oder ein Gott sein.

Es gibt eine solche Gestalt in Alkestis, einem Drama von Euripides. Dort ist es der Halbgott Herakles (Herkules), der Alkestis aus dem Totenreich zurückholt, nachdem sie für ihren Mann gestorben war. Es geht auch diesseits der Dramatik: In der Jugend-Kultserie *Die drei Fragezeichen* gibt es ebenfalls einen *Deus ex Machina*. Gegen Ende der meisten Folgen, wenn einer, zwei oder alle drei der jugendlichen Helden in Gefahr sind, taucht eine Gestalt auf und man hört einen erleichterten Seufzer: »Inspector Cotta!«

1.1 Die aktuelle Not beruhigen

Natürlich darf es auch mal heftig zugehen in einer Therapiesitzung: Starke Gefühle müssen sich ausdrücken dürfen, auch auf kindliche Art, durch Weinen oder (verbal) aggressiven Widerstand. Irgendwann muss dann die Basis für die gemeinsame Arbeit wiederhergestellt werden. Vor allem ist es mir wichtig, eine Sitzung möglichst nicht so zu beenden, dass der Patient in emotional aufgelöstem Zustand die Praxis verlässt – draußen tobt ja der gefährliche Straßenverkehr. Diese Regel hat unter anderem zur Konsequenz, dass ich mir angewöhnt habe, die Uhr genau im Auge zu behalten. Ich achte darauf, dass kurz vor Beendigung der Stunde kein neues, schmerzhaftes Thema angesprochen wird, fasse manchmal den bisherigen Verlauf der Sitzung kurz zusammen und entlasse den Patienten mit der Aussicht, dass wir an dieser Stelle in der nächsten Woche weiterarbeiten können.

Die folgenden Übungen sind im Wesentlichen dafür da, die Patientin, die Therapeutin und/oder die Situation zu beruhigen. Dabei entsteht immer auch Material für die gemeinsame Arbeit.

Anmerkung: Auch ein Witz kann entspannend und erleichternd wirken, entweder, weil wir uns darin erkennen – oder weil das Gehirn plötzlich mit etwas ganz anderem beschäftigt ist. An anderer Stelle (▶ Kap. 10.4 *Witze als Deus ex Machina*) finden Sie einige Beispiel dazu.

1.1 Die aktuelle Not beruhigen

Übung: Einen Retter (er)finden

Nachdem der *Deus ex Machina* erklärt ist, können Sie mit Ihrer Patientin nach deren persönlichem Retter fahnden: »In welchem Unglück hätten Sie eine starke Hilfe gebraucht und wer hätte das sein sollen?« Hier bauen Sie ein Hilfs-Ich auf, das in aktuellen Konfliktsituationen, Krisen und bei anstehenden Aufgaben ängstlichen Menschen hilfreich zur Seite stehen kann. Ich weiß von vielen meiner Patientinnen, dass sie sich in Krisensituationen fragen: »Was würde Frau Rohwetter dazu sagen?« Und so finden sie eine Antwort, die natürlich aus ihnen selbst kommt.

Die Arbeit kann dann längerfristig fortgesetzt werden, um eine hilfreiche Instanz zu internalisieren und zu stabilisieren. Mehr zur Arbeit mit inneren Instanzen finden Sie im ▶ Kap. 4 *Wollen wir das mal spielen?*.

Übung: Der Beobachter

Dies ist eine wichtige Technik, um Distanz zu Gefühlen und Erinnerungen zu bekommen. Der – durchaus variierbare – Ablauf ist folgender:

1. Die Patientin ist voll in ihrem Gefühl, ihrer Erinnerung. Immer wieder ist sie damit so identifiziert, als würde das alles gerade geschehen. (Hier erkläre ich manchmal das Phänomen der selbst-induzierten Retraumatisierung.)
Ich frage die Patientin: Auf einer Skala von 1 bis 10, wie stark ist jetzt das Gefühl? (1 = nicht vorhanden, 10 = so schlimm, dass ich am liebsten sterben würde). Hinweis: Wählen Sie für die Übung kein Erlebnis, das auf dieser Skala einen Wert von 9 oder zehn hat. In diesem Fall kann die Übung vom sicheren Ort eingeschoben werden. (▶ Kap. 7 *Was wäre, wenn... – Gedankenspiele*)
2. Sie bitten die Patientin, die schlimme Situation noch einmal zu erzählen, aber so, als sei sie selbst nicht beteiligt, sondern Beobachterin gewesen. Sie erzählt also in der dritten Person, berichtet von dem Kind von damals, dem Kind, das sie einmal waren und das das Schreckliche erlitten hat.
3. Erneute Überprüfung auf der Skala – in der Regel ist der Wert deutlich gesunken.

Eine ausführliche Beschreibung und Einordnung der Beobachter-Übung finden Sie in ▶ Kap. 4 *Wollen wir das mal spielen?*.

1.2 Ganz entspannt im Hier und Jetzt

Ganz entspannt im Hier und Jetzt ist der Titel eines Buches aus dem Jahre 1979. Geschrieben hat es der Journalist Jörg Andrees Elten (1927–2017) über seine Zeit in Poona als Schüler Bhagwans (Osho). Der Titel könnte auch Motto der gesamten Bhagwan-Bewegung sein, und er wurde zum Running Gag, wenn später kritische Menschen über diese Bewegung sprachen. Nach wie vor halte ich diesen Satz für eine gute Beschreibung dessen, was heute Achtsamkeit bedeutet. Ich benutze ihn manchmal, wenn ich einer Patientin vorschlage, in Notsituationen eine zweiteilige Übung zu machen, mit der sie sich beruhigen kann. Diese Übung wirkt auch gut bei kürzlich getriggerten Ängsten, besonders außerhalb des therapeutischen Settings.

Übung: Wer, wann, wo bin ich eigentlich?

Anleitung: »Atmen sie einmal ganz aus, ganz wieder ein und dann normal und bequem weiter. Machen Sie sich klar, wer Sie sind: Name, Geschlecht, Alter. Welchen Tag haben wir heute, an welchem Ort bin ich?«

Schon beim 1. Teil dieser Übung wird deutlich, dass es keinen Grund gibt, sich zu ängstigen, die Realitätsprüfung bringt erste Beruhigung.

Der 2. Teil der Übung knüpft dort an: Das Hier und Jetzt ist geklärt – Und was mache ich gerade? Warum sollte ich also Gedanken an … haben? Das gehört nicht in diese Situation.

Wir haben es alle schwer, mit unseren Gedanken bei dem zu bleiben, was wir gerade tun. Wer denkt schon beim Geschirrspülen an Wasser, Geschirr und Spülmittel? Gerade diese einfachen Alltagsdinge sind zum Üben sehr geeignet. Manchmal werden wir ungehalten mit uns selbst, erleben es als Versagen, nicht genau das zu tun, was wir uns vorgenommen haben. Genau an diese Stelle passen zwei Geschichten, die Sie im ▶ Kap. 6 *Komm, ich erzähle Dir eine Geschichte* finden, die von der Erleuchtung und die von der liebenden Güte handeln.

Nun folgen noch ein paar weitere Übungen auf dem Weg zur Selbstberuhigung.

Einfachste Atemübung

Atemzüge wahrnehmen, nicht kontrollieren, nicht verändern. Am besten in Gedanken dazu sagen: »Ich atme ein, ich atme aus.« Das beruhigt sehr angespannte und aufgeregte Patienten – und Therapeuten. Beide können die Übung gleichzeitig machen (nur zwei bis fünf Minuten) und tauschen sich hinterher darüber aus. Erst die Patientin, dann der Therapeut – nicht ganz so persönlich, er stellt die veränderten Gefühle in Bezug auf die aktuelle Situation dar – und bittet den Patienten, bei sich den Unterschied wahrzunehmen.

Achtsamkeitsübungen

Unterbrechen Sie »schlecht« laufende Sitzungen mit einer dieser kleinen Übungen und bieten Sie dem Patienten Folgendes an:

- mit voller Aufmerksamkeit eine Kerze anzuzünden
- einen Schluck klares Wasser zu trinken
- einzelne Körperteile zu spüren
- ein im Raum hängendes Bild zu betrachten

Erklären Sie dann das Prinzip der Achtsamkeit als Möglichkeit der Selbstberuhigung.

Übung: Mudra-Gesten

Eine andere Hilfe, die die Patientin dann auch zu Hause anwenden kann, sind Mudras. Das sind verschiedene Gesten mit unterschiedlichsten Bedeutungen. Mud bedeutet im Sanskrit: etwas, das Freude bringt. Mudras haben nicht nur religiöse Bedeutungen, sondern spielen auch eine Rolle in der asiatischen Heilkunst. Hier zwei einfache Beispiele:

1. Die Daumen berühren die Spitze der Ringfinger, das soll das Gefühl von Sicherheit und Stabilität stärken.
2. Die Daumen berühren die Spitze des Mittelfingers, das soll Geduld bringen – manchmal auch gut für Therapeuten. Jeweils ca. 3 Minuten halten.

Übung: Gefühle auflösen

Diese Übung ist aus dem *Orangenen Buch* (Osho, 2010, S.119ff.). Hier heißt sie *Schau in deinen Kopfschmerz hinein* und bezieht sich auf die Auflösung körperlicher Schmerzen. Sie ist auch bei der Auflösung seelischer Unbehagen durchaus wirksam. Ich beschreibe diese Variante so:

Gefühle werden einfach wahrgenommen, irgendwo im Körper lokalisiert. Nicht denken, nicht bewerten, nicht analysieren, nur wahrnehmen (und benennen). Nach einer Weile werden sie schwächer, manchmal lösen sie sich sogar auf.

Das Buch bietet noch weitere Übungen, die in der Therapie anwendbar sind, zum Beispiel Oshos *Stopp! Meditation* (ebd., S. 61). Darin wird der Patient aufgefordert, mindestens sechs Mal am Tag Stopp! zu sagen und eine halbe Minute im Augenblick zu verharren. Sie können diese Übungen in einer Sitzung vorstellen, gemeinsam praktizieren und dann dem Patienten empfehlen, zu Hause weiter damit zu arbeiten.

Übung: Ruhe spüren

Diese Übung eignet sich für Patienten, die über ihre Unruhe Bescheid wissen und Introspektionsfähigkeit verfügen. Anleitung: Zuerst ruhig atmen – ohne etwas zu verändern, einfach den Atem wahrnehmen. Gedanken kommen und gehen – diese ebenfalls beobachten, nicht eingreifen. Beim zweiten Schritt versuchen Sie, wahrzunehmen, woher die einzelnen Gedanken kommen. Das klingt merkwürdig, aber versuchen Sie es einfach. Wahrnehmen und sich wundern, was geschieht. Dritter Schritt: Achten Sie auf die Lücke zwischen zwei Gedanken, auch wenn sie nur den Bruchteil einer Sekunde dauert. Dabei nicht anstrengen, sanft konzentrieren. Bleibt es nicht sanft, zur Wahrnehmung des Atems zurückkehren. Dann wieder auf die freie Stelle zwischen zwei Gedanken schauen: Dort liegt unsere tiefe innere Ruhe – und dies war (vielleicht) der erste Kontakt damit. Sehen Sie den Raum, der sich hinter dieser Lücke auftut.

1.3 Über Sprechen und Sprache

Nicht umsonst nannte Anna O. ihre Therapie bei dem Arzt Josef Breuer (1842–1925) eine *Talking Cure*. Breuer setzte in dieser Behandlung (1880–1882) die Hypnose ein, um der Patientin das Reden zu erleichtern. Auch in allen heutigen Therapien, besonders natürlich in der tiefenpsychologisch fundierten Therapie und in der Psychoanalyse, spielt das Reden eine wichtige Rolle. Deshalb ist ein Blick auf die Sprache oft erhellend. Einzelne Wörter und der gesamte Sprach-Habitus der Patientin sind wichtige Hinweise. Sie sagen ebenso etwas über die sozialen Hintergründe aus, wie z. B.

über Wertigkeiten und Urteile in der Herkunftsfamilie. Eine Patientin erzählt von einer Kränkung, die sie erfahren hat und sagt dabei: »Ich weiß auch nicht, warum ich jetzt heulen muss.« Da erhebt sich die Frage nach dem Umgang mit Trauer, Verletzung und überhaupt Gefühlen in ihrer Herkunftsfamilie: »War es Ihnen als Kind erlaubt zu weinen?«

Deutungen

Oft haben wir Ideen oder spontane Einfälle zu den Problemen unserer Patienten. Wir hören die Erzählung eines Ereignisses, vielleicht zum wiederholten Male. Wir haben gelernt, uns zurückzuhalten. Für manche Mitteilungen ist es zu früh, auf manche Lösungen, die wir im Kopf haben, sollen ja die Patienten selbst kommen. Manchmal aber ist es gut und sinnvoll, Impulse zeitnah auszudrücken. Was richtig und falsch oder zu früh sei, das entscheidet dann eher unsere Intuition als unser Fachwissen.

> Ich denke dabei an einen Patienten, der mich vor vielen Jahren aufsuchte. Er war 36 Jahre alt, hochbegabt, schwer depressiv und hatte keine Idee, worin sein Problem begründet sein könne. Es gelang ihm keine feste Partnerschaft, obwohl er sich sehr danach sehnte. Ich hörte mir seine Geschichte an. Er war bei einer alleinerziehenden Mutter groß geworden, mit sporadischen Besuchen bei seinem Vater. Der Kontakt zur Mutter sei immer noch eng, sie liebe ihn sehr und sei immer sehr stolz auf ihn gewesen. Ganz nebenbei erwähnte er, dass seine Mutter es gern gemocht habe, wenn er sich nackt vor ihren Freundinnen gezeigt habe. Diese haben ihn auch intim berührt. »Das ist sexueller Missbrauch!« entfuhr es mir. Er war sehr berührt und erleichtert. Nie hatte ihm ein Therapeut das gesagt (und er war in zwei Behandlungen, bevor er zu mir kam). Ohne diesen spontanen Satz hätten wir sicher viel länger gebraucht, um seine Depression und seine Bindungsschwierigkeiten bearbeiten zu können.

Sicher sind solche spontanen Einfälle selten und durchaus nicht immer hilfreich. Trotzdem: Denken Sie an meine These: Sie können (fast) nichts falsch machen.

Es ist nicht alles meine Neurose

Dies ist eine wichtige Intervention bei Patienten, die sich besonders anstrengen, nicht anders zu sein als ihr Umfeld, die sich in bestimmten Lebenszusammenhängen unwohl oder sogar minderwertig fühlen. So geht es manchmal Menschen, die sich aus prekären Verhältnissen emporgearbeitet haben. Ich erkläre dann, dass es nicht nur *eine* individuelle Neurose gäbe und selbst an der sei ein Mensch nicht schuldig: Es gibt wirtschaftliche und soziale Bedingungen, unter denen ein Mensch groß wird, es gibt Lasten aus vorhergehenden Generationen und Prägungen durch das Umfeld. Je nach Verfassung der Patientin und der Therapiesituation beschreibe ich auch kurz den *Habitus*-Begriff des französischen Soziologen Pierre Bourdieu (1930–2002). Damit sind Verhaltensweisen gemeint, die kollektiv aus der sozialen Schicht des Patienten kommen und zutiefst verinnerlicht sind. Ihnen ist nur schwer beizukommen.

1.4   Ein Damm gegen emotionale Überflutungen

Wir kennen die Metaphern ›jemand sei völlig außer sich‹, ›stehe neben sich‹ oder auch, etwas weniger freundlich formuliert, ›sei neben der Spur‹. Diese Redenarten beschreiben Menschen, die gerade tief in Gedanken versunken sind, irrational handeln oder einen desorientierten Eindruck machen. Ihre Gedanken sind nicht mit der realen Situation verbunden. In solchen Zuständen können Fehler geschehen, im schlimmsten Fall sogar Unfälle. In der Regel handelt es sich bei diesen Gedanken um keine erfreulichen. Oft handelt es sich um Erinnerungen an quälende Erfahrungen. Das kann zu totalen Überschwemmungen mit äußerst schmerzhaften Gefühlen führen. In diesem Gefühlsdurchbruch werden die auslösenden Erinnerungen zur neu gelebten Realität, geradezu zur Retraumatisierung. Der Hinweis auf diese Dynamik hilft dabei, folgende Übungen zu akzeptieren. Wichtig dabei ist es auch, immer wieder zu erklären, dass es nicht darum ginge, alte Schmerzen zu ignorieren. Bearbeiten kann diese Vergangenheit aber nur der erwachsene Mensch hier und heute.

Alle Gefühle haben in der Therapie Platz. Sie wollen alle benannt, gewürdigt und ausgedrückt werden. Im Laufe des Prozesses lernt die Patientin zu unterscheiden, ob ihre Gefühle dem akuten Auslöser angemessen sind oder ob sie noch aus einer Quelle vergangener Kränkungen gespeist werden. Natürlich haben auch erwachsene Menschen Gefühle, und es ist angemessen, auf die kurzfristige Absage eines Treffens mit Enttäuschung und Ärger zu reagieren. Entstehen aber hier eine heiße Wut oder eine tiefe Verzweiflung, ist es notwendig, nach dem inneren Auslöser zu suchen.

Hier habe ich mehrere Übungen zusammengestellt, die der Patientin helfen können, wieder zu sich kommen.

1.4 Ein Damm gegen emotionale Überflutungen

Übung: Wir bleiben verbunden

Dies ist eine ganz einfache Übung: Ich nutze etwas, dass die Patientin und mich körperlich miteinander verbindet, zum Beispiel ein Springseil. Das ist lang genug, um auch in Corona-Zeiten die Abstandsregel einzuhalten. Der Griff darf gern ein Handschmeichler sein. Mit diesem Seil können sie – nach Absprache – verschiedene Handlungen ausführen, vom leichten Ruck bis hin zu einem stärkeren Zug, wenn die Patientin zum Beispiel dissoziiert. Wenn das häufiger hintereinander geschieht, wird die Patientin vielleicht zornig, weil sie sich gestört fühlt. Wunderbar! Erstens ist sie dann wieder präsent, und zweitens kann sie feststellen, dass es kein unabwendbares Schicksal ist, die reale Situation immer wieder verlassen zu müssen. Außerdem ist die reale Situation nie so gefährlich wie die imaginäre Situation, vor der sich die Patientin gerade zurückzieht. Sie befindet sich im Augenblick in der geschützten Therapiesitzung in Gegenwart einer Person, die ihr wohlgesonnen ist.

Übung: Das Thema wechseln

Manchmal ist es wichtig, eine Patientin ihren Gefühlen zu überlassen. Wenn ich ein tiefes, meist wortloses Weinen sehe, schweige ich und gebe ihr Zeit. Ebenso verfahre ich mit einem Wutausbruch. Letzteren lasse ich allerdings nicht zu, wenn er sich gegen mich richtet und beleidigend wird. Dann unterbreche ich nach kurzer Zeit und versuche, den Konflikt zu klären, den die Patientin mit mir hat. Ist das in Ruhe nicht möglich, bitte ich um eine kleine Pause. Auch dabei kann diese Übung hilfreich sein: Nachdem also die Patientin sich eine Weile ihren Gefühlen hingegeben hat, merke ich manchmal, dass sie sich schon in einem anderen *Gefühlsraum* befindet, zum Beispiel in einer lamentierenden Opferposition. Dann bitte ich sie sanft, mir fünf runde Dinge in diesem Raum zu benennen – oder acht Hauptstädte Europas. In der Regel wird sie mich erstaunt ansehen und dann meinem Wunsch folgen. Und siehe da: Ihr heftiges Gefühl hat sich beruhigt. Sie ist ihm gar nicht ausgeliefert. Diese Erfahrung stärkt ihren Glauben daran, dass das *Schreckliche* irgendwann vorbei ist und sie an der Beendigung mitwirken kann. Hier bekommt die Patientin gleichzeitig eine kleine Portion von Selbstwirksamkeitserwartung mit.

Eine Variante, besonders für traumatisierte Patienten, ist es, einen Zeitraum zu vereinbaren, wie lange sie in dem Gefühl bleiben *wollen*. Diese Patienten haben es oft schwer mit ihrer Heilung, weil sie glauben, das verletzte Kind in sich zu verraten, wenn es ihnen besser geht. Nach dem vereinbarten Zeitpunkt stelle ich eine der oben beschriebenen kleinen Aufgaben.

2

Körper und Geist verbinden

Diese Übungen, die ihrem Wesen nach einer kognitiven Therapie entsprechen, schaffen gezielt eine Verbindung, die unser Gehirn nicht so schnell herstellen kann. Zwischen unseren älteren Gehirnteilen und dem Großhirn gibt es leider wenig Verbindungen. Deshalb können wir einen Wutausbruch auf seinem Höhepunkt nicht durch unseren Verstand stoppen – der ist einfach überflutet von Gefühlen bzw. den auslösenden Neurotransmittern. Wir können aber in ruhigen Zeiten die Pfade verbreitern. Eine Verbesserung von Symptomen geschieht nicht nur durch Arbeit an und mit den Gefühlen, sondern auch durch rationale Erkenntnisse, die dann langsam *ins Gefühl einsinken* und dieses dann regulierbarer machen. Diese Arbeit braucht eine Verbindung zwischen rationaler Einsicht und körperlichen Erfahrungen, das wird besonders deutlich bei den Impact-Techniken. Aber auch eine direkte Arbeit mit der Sprache kann eine Erleichterung bringen. Wie anders fühlt es sich an, ob ich sage, etwas sei *zu viel* oder es sei *sehr viel*.

2.1 Vom Loslassen

Loslassen ist, wie Gelassenheit oder Achtsamkeit, ein beliebtes Schlagwort. Wir sollen unseren Stress loslassen, unsere Anspannung, unsere unverarbeitete Geschichte. Patientinnen kommen manchmal mit der Aussage: »Ich möchte das so gern loslassen, aber ich kann nicht,« oder noch apodiktischer: »Es geht einfach nicht« Okay, üben wir uns im Loslassen.

Übung: Festhalten oder loslassen

Lassen Sie Ihren Patienten das immerwährende Thema auf ein Stück Papier schreiben. Der Text auf dem Zettel soll so konkret wie möglich sein. Zum Beispiel: »Ich werfe meiner Mutter vor, dass sie mich gegen meinen Vater nicht unterstützt hat, als ich aufs Gymnasium wollte.« Das Blatt klein genug falten, damit es in seine fest geschlossene Faust passt. Die Faust ist so geschlossen, dass der Handrücken nach oben zeigt. Der Patient streckt den Arm aus und beschäftigt sich mit dem Gedanken, was geschieht, wenn er gleich loslässt. Er soll jedes Gefühl wahrnehmen, nur beobachten, sich nicht hineinfallen lassen, also das alte Leid nicht neu erleben und damit in die Gegenwart zu transferieren. Er soll es Ihnen auch nicht erzählen (er übt sich im Containment).

Der Patient öffnet seine Faust, wenn er sich bereit fühlt loszulassen, und er nimmt seine Gefühle wahr, wenn er den Zettel loslässt. Der Patient kann Beobachter statt Opfer sein – seine Widerstände werden deutlich. Vielleicht will er gar nicht loslassen. Das ist ein gutes Thema für die weitere Arbeit.

Variante: Nach der Einfühlung wird der Zettel in der nach oben liegenden geschlossenen Hand gehalten. Das Loslassen besteht dann darin, einfach die Faust zu öffnen, wenn der Patient bereit ist. Auch das ist eine Form des Loslassens – ohne Kontrollverlust. Er hält das Papier nicht mehr fest.

Die Sitzung wird dann mit einem ganz anderen Thema weiter fortgesetzt. Der Zettel bleibt unbeachtet in der offenen Hand. Kurz vor Ende der Stunde wird reflektiert: Ist das Thema nun weniger schwerwiegend? Kann der Zettel jetzt weg? Vielleicht hat der Patient ihn schon während der Stunde ohne weitere Aufforderung losgelassen.

Übung: Gefühlsschleuder

Es gibt natürliche Gefühle, die Erwachsene haben und die bleiben, auch solche, die wir als negativ empfinden: Trauer, Einsamkeit, Enttäuschung.

Wichtig ist dabei, dass Erwachsene, von Ausnahmesituationen abgesehen, diese angemessen ausdrücken können. Es ist eine wichtige Aufgabe der Therapie zu unterscheiden, welche Gefühle zu einer gegenwärtigen Situation passen und welche in ihrer Heftigkeit aus einer früheren schmerzhaften Erfahrung gespeist sind.

Folgende Übung ist hilfreich bei wiederkehrenden unerwünschten Gefühlen aus der Vergangenheit. Sie ist besonders für Kinder und Jugendliche geeignet. Dabei entsteht die Erfahrung, den Gefühlen nicht hilflos ausgeliefert zu sein.

Wie in der vorherigen Übung wird der Anlass auf einen Zettel geschrieben, dieses Mal auf ein großes Stück Papier. Das wird zu einer festen Kugel zusammengeballt – und in einen Papierkorb geworfen, der je nach Alter des Werfenden 3 bis 6 Meter entfernt stehen kann. Trifft die Kugel daneben, ist das ein Zeichen: So ist es, wenn man den Falschen anschreit. Oder, bei Angst: So ist es, wenn man vor etwas Angst hat, wo es gar keine Angst braucht. Also noch einmal werfen.

Auf diese Übung kann man während der Therapie immer wieder zurückkommen. Wenn das entsprechende Gefühl im Gespräch wiederauftaucht (an einer Stelle, wo es unnötig heftig ist), fragt die Therapeutin: »Sollen wir es in den Papierkorb werfen?« Dann kann entspannt an dem aktuellen Konflikt gearbeitet werden.

Übung: Der 30 %-Erwachsene

Wenn Menschen in Gefühlsausbrüchen beinahe verschwinden, gehen wir davon aus, dass sie gerade mit einem bestimmten *Ich*-Anteil identifiziert sind. Dieser, ob wütendes Kind oder verlassenes Baby, übernimmt dann die Überhand. Auch hier gilt es, das Thema zu wechseln, allerdings in einer anderen Form.

Diese Übung braucht ein bisschen Vorbereitung, ist aber dann immer wieder anwendbar. So stelle ich mit der Patientin zusammen fest, dass es auch im schlimmsten Schmerz einen erwachsenen Anteil geben muss, sonst säße sie nicht vor mir: Sie hat sich heute gewaschen und angezogen, ein Frühstück gegessen und sich auf den Weg in die Praxis gemacht, ohne sich zu verlaufen. Noch vor wenigen Minuten hat sie mich ganz erwachsen begrüßt. Auch jetzt, wo sie sich wie das verlassene Baby fühlt, sitzt sie mir gegenüber auf einem Stuhl, und wenn ich sie nach ihrer Adresse fragen würde, hätte sie die Antwort sofort parat.

Wenn ich also den Eindruck habe, die Gefühle der Patientin hätten jetzt genügend Raum bekommen, und sie findet von allein nicht heraus, spreche ich sie mit ihrem Namen an und sage etwa: »Frau X, ich würde jetzt gern mit dem 30 %-Erwachsenen-Anteil sprechen.« Da diese Intervention gemeinsam vorbereitet wurde, wirkt sie in der Regel – und die Patientin ist froh, wenn sie wieder in der Gegenwart ankommen kann. Um wie viel Prozent Erwachsensein es geht, wird mit der Patientin gemeinsam ausgehandelt. Interessanterweise setzen die meisten Patienten ihren Erwachsenenanteil höher an, als ich es vermutet hatte. Wunderbar! Damit können wir arbeiten.

2.2 Ein gutes Wort zur rechten Zeit

Mit einfachen Worten kann man andere verletzen, sich selbst widersprechen und sich Steine in den Weg legen, ohne es zu merken. Außerdem gibt es kleine Wörter, die wie ein Zauberwort einen Therapieprozess unbemerkt beeinflussen. Und es gibt einfache Worte, die Konflikte deeskalieren, Beziehungen stärken und die Dinge weniger schwer erscheinen lassen.

Hilfreiche Wörter, hemmende Wörter

Rettende und erhellende Worte können ganz klein und unbeachtet sein, hinderliche Worte ebenso. Darauf hinzuweisen und die Patientin den Unterschied fühlen zu lassen, kann viele Probleme schon relativieren und lösbarer erscheinen lassen. Zu eher bedrückenden Worten gehören: *zu, aber, doch* und *versuchen*, in einer zweiten Kategorie alle verabsolutierenden Wörter wie *alle, nie* und *immer*.

Hier ein paar Beispiele: Wie oft bekommen wir in den Sitzungen zu hören, etwas sei *zu* viel, *zu* schwer, *zu* ... Das bedeutet, dass etwas gar nicht mehr geht. Was heißt das? Aufgeben? Sterben? Was ist denn wirklich *zu* schwer? Einen 100 kg schweren Stein hochzuheben, einen alten Baum aus der Erde zu reißen, das ist zu schwer, um es ohne Hilfsmittel zu tun. Vielleicht ist es hilfreicher zu sagen, etwas sei gerade *sehr* schwer oder *sehr* viel, das da zu bewältigen sei. Dabei habe ich gleichzeitig ein weiteres relativierendes Wort eingefügt, das Wort *gerade*, im Sinne von *zurzeit*. Es war ja sicher nicht immer so und wird auch nicht immer so bleiben. Und für den Jetztzustand können wir eine Lösung finden.

Ein positives Einschiebsel in einen klagenden Satz ist das Wort *noch*. Spüren Sie selbst den Unterschied zwischen »Ich kann das nicht« und »Ich kann das *noch* nicht«. In die Reihe der Worte, die uns das Leben schwer machen, gehört auch das Wort *aber*. Eher destruktiv ist es, zwei Satzteile mit einem *aber* zu verbinden. »Das ist eine gute Idee, *aber*...«, »Das würde ich *so* gern, *aber*... Dieser zweite Satz mit seinem *aber* zeigt eine Hürde an, während das kleine Wort *so* ein Hinweis darauf ist, dass dieser Wunsch ernst zu nehmen ist. Das Aber macht deutlich, dass nicht oder nur schwer zu erreichen sei, was sich im ersten Teil des Satzes zeigt: Freude, Erwartungen, Möglichkeiten von Wunscherfüllungen und überhaupt ersehnte Veränderungen im Leben. Das *aber* kann den ersten Satzteil negieren: »Ich mag dich ja gern, *aber*...«.

Die einfache Lösung ist es, das Wort *aber* durch das Wort *und* zu ersetzen. Viele Patienten nehmen diese Differenzierung mit Erleichterung an, erlaubt sie ihnen doch, zwei sich (scheinbar oder wirklich) widersprechende Gefühle zu haben und diese nebeneinander bestehen lassen zu dürfen. Wenn ich sage: »Ich müsste zum Zahnarzt gehen, aber ich habe Angst,« dann gehe ich nicht – unabhängig von den Konsequenzen. Sage ich dagegen: »Ich muss zum Zahnarzt gehen, *und* ich habe Angst«, dann gehe ich zum Zahnarzt, mit meiner Angst.

Wir alle kennen die zwei oder mehr Seelen, die manchmal in unserer Brust wohnen. Und oft werden wir mit einer rigiden Forderung konfrontiert, die da lautet, man *müsse* sich doch mal entscheiden: Ja oder Nein. Auch hier gibt es Zauberworte: Sie heißen *vielleicht* oder auch: »Ich weiß es *noch* nicht«. Zweifeln und Zögern sind erlaubt!

Übung: Ich kann es nicht versuchen

Besonders gern demonstriere ich mit einer kleinen Übung die Schwierigkeit, die das Wort *versuchen* mit sich bringt. Mit diesem Wort entsteht gleichzeitig das innere Bild einer Unmöglichkeit: Eine Patientin beschrieb das so: »Es fühlt sich an, als ob, wenn ich etwas versuchen will, ich all meine nicht hilfreichen Gewohnheiten aufrufe: Ich *versuche*, aber es ist so schwer, aber ich kann eigentlich nicht, aber ich glaube nicht an den Erfolg dieser Maßnahme ...«

Wenn Patientinnen mir versichern, sie wollen etwas *versuchen*, bitte ich sie zu versuchen, aus ihrem Sessel aufzustehen. Sie stehen entweder auf oder bleiben sitzen. Das ist beides nicht die Aufgabe. Selten ist es sinnvoll, etwas versuchen zu wollen. Man kann etwas einige Male tun, um dann festzustellen, dass es keinen Spaß macht, dass man es nicht mag oder dass es einfach nicht das Richtige ist. Man kann es tun oder lassen: Das ist die zu fällende Entscheidung. Aber versuchen?

Andere, wenig hilfreiche Wörter sind die, die besonders gern in Streitfällen benutzt werden, nämlich *immer* und *nie* und deren Verwandte. Auch in der Einzeltherapie tauchen sie auf, wenn Konflikte mit Freunden, Partnerinnen oder Vorgesetzten geschildert werden. Auch in der Erinnerung an Kindheitsverletzungen tauchen sie auf: »Meine Mutter hat *immer*...« Auch hier ist es gut, diese Wörter zu ersetzten. Wenn etwas *immer* so ist (das verletzende Verhalten des Partners), dann kann man es nicht ändern. Und was man nicht ändern kann, ist kein Thema für eine Psychotherapie. Relativierende Ersatzworte können sein: Manchmal, ziemlich oft, oft, wiederholt, mehrmals...

Es gibt richtige und falsche Fragen

Ein Sprichwort sagt, es gäbe keine dummen Fragen, sondern nur dumme Antworten. Das habe ich nicht wirklich überprüft. Sicher ist, dass es Fragen gibt, deren Beantwortung uns nicht weiterbringt. Eine davon ist die Frage: »Geht das?« Die Antwort könnte »Ja« lauten. Dann ist alles gut. Lautet sie dagegen »Nein«, ist das berühmte Ende der Fahnenstange erreicht. Die Zauberformel für diese Frage heißt also: »Wie kann das gehen?« Diese Frage erwies sich als hilfreich für eine Patientin, deren größter Wunsch es war, den Jakobsweg zu gehen. Ihre Berufstätigkeit, ihre kleinen Kinder und eine pflegebedürftige Großmutter versperrten ihr den Weg. So hieß die Antwort gleich »Nein, es geht nicht!« Die Lösung auf die Frage: »Wie kann es gehen?« sah so aus: Sie konnte sich jedes Jahr eine Woche von Beruf und Familie freimachen und wandern gehen. Im folgenden Jahr würde sie ihre Wanderung fortsetzen. So würde sie acht bis zehn Jahre brauchen. Auch auf diese Tatsache, die die Patientin eher bestürzte, gab es zur Reaktion ein Zauberwort: »Ja, und?« und eine neue Frage: »Welchen Vorteil hat das?« Sie würde sich in jedem Jahr wieder auf eine Auszeit freuen können, in der sie mit sich allein sein und neue Kräfte sammeln könnte.

Hier noch einmal eine kleine Tabelle der wenig hilfreichen Wörter und ihrer Antagonisten:

Sie können eine solche Tabelle mit Patientinnen erarbeiten und individuell um die Wörter erweitern, die durch eine besonders destruktive Sprache auffallen. Solche Menschen hören sich dabei oft klagend/aggressiv an, sie befinden sich in einer stabilen Opferposition. Hier ist für die Therapeutin Vorsicht geboten, schnell wird sie in der Übertragungsdynamik selbst zur Täterin. Die Arbeit mit Worten bringt für die Patientin eine Distanz zu ihrem Selbstbild. Nach einer Weile kann sie sagen: »So drücke ich mich ja oft aus?!« – und wir können den nächsten Schritt gehen.

Tab. 2.1: Hilfreiche Wörter

Böse Wörter	Zauberworte
immer	oft
nie	selten, nicht ausreichend für mich
heulen – oder ähnlich selbstentwertende Wörter	weinen, trauern
zu schwer, zu weit...	sehr schwer, sehr viel, sehr weit
ja, aber	ja, und (es ist schwer)
(Ich kann das) nicht	(Ich kann das) noch nicht
gut/schlecht richtig/falsch	anders

2.3 Methoden der Überraschung: Die Impact-Techniken

Das Wort *Impact* hat im Deutschen verschiedene Bedeutungen, nämlich Eindruck, Einschlag, Einfluss. Beim Golf wird so der Moment bezeichnet, in dem der Schläger den Ball trifft. Das ist sehr anschaulich: In diesem Moment geschieht etwas Neues (der Ball verlässt seine Ruheposition) und die Entscheidung fällt, in welche Richtung und wie weit er sich bewegen wird. Auf keinen Fall kann er in seinem alten Zustand verharren. Ist der Ball nicht getroffen, haben wir auch keinen Impact. In der Werbung ist der Impact der Anstoß zum Erfolg eines Produkts.

Es, kann zu sehr erfrischenden und entlastenden Momenten führen, die Impact-Techniken in der Psychotherapie anzuwenden. Sie können das Begreifen von Zusammenhängen erleichtern und neue Erkenntnisse und Entwicklungen ermöglichen. Sehr wirksam sind diese kleinen Zaubereien bei Kindern und Jugendlichen. Ich wende sie auch gerne bei Erwachsenen an, wenn diese in einem Gefühl feststecken. Die besondere Wirksamkeit besteht darin, dass zusätzliche Sinneseindrücke andere Reaktionen/Emotionen auslösen als rein sprachliche Interventionen. Es werden verschiedene Gedächtnisleistungen unterstützt, wir sprechen hier vom multi-sensorischem Lernen. Abstrakte Gedanken werden bildhaft gemacht. Erkenntnisse, die durch die Verbindung von konkreten Bildern und Emotionen entstehen, werden gut gespeichert und sind außerordentlich wirksam dabei, Veränderungen zu stabilisieren. Sowohl die Erkenntnisse als auch die Veränderungen müssen nach der Überraschung in den gesamten Therapieprozess integriert werden. Manchmal sind Wiederholungen und Varianten notwendig, gerade die Differenz dieser Wiederholungen spiegelt den Therapieprozess.

Die bekanntesten Impact-Techniken sind gleichzeitig meine Lieblingsübungen. Meine Quelle für folgende Beschreibungen ist das Buch der kanadischen Psychologin Danie Beaulieu (2005).

Übung: Was ist ein 50-Euroschein wert?

Die Impact Techniken bieten verblüffende Übungen für Menschen mit starker Selbstwertproblematik an. Die Vorstellung mit dem Geldschein beeindruckt Patienten außerordentlich. Dieser Effekt ist allerdings nicht wiederholbar, die meisten dieser Zauberübungen sind es nicht. In der Therapie werden Sie mit dem Ergebnis der Übung weiterarbeiten. Vielen von Ihnen wird diese Übung bekannt sein. Setzen Sie die Übung auch dann ein, wenn Sie nicht mit Kindern und Jugendlichen und nicht verhaltenstherapeutisch arbeiten, weil sie wirklich kleine Wunder bewirken kann.

Und so funktioniert es:
Sie nehmen also einen 50-Euro-Geldschein – er darf auch von höherem Wert sein, da die Patientin sich mit dem Wert identifizieren soll. Fragen Sie zuerst: »Wie viel ist dieser Schein wert?« Nach der etwas irritierten Antwort der Patientin nehmen Sie den Schein und zerknittern ihn tüchtig. Sie dürfen auch auf dem Schein herumtreten. Dann streichen Sie ihn glatt und zeigen ihn der Patientin wieder mit derselben Frage: »Wie viel ist dieser Schein wert?« Und siehe: Der Wert eines Geldscheines ist nicht davon abhängig, was mit ihm geschehen ist. Um wie viel mehr gilt das für Menschen. Vielleicht müssen Sie der Patientin den Schein später noch einmal zeigen. Geben Sie also den faltigen 50-Euroschein aus Ihrer Geldbörse in der Zwischenzeit nicht aus!

Übung: Der Text bleibt erhalten

Hier geht es um die Identität, die manche, besonders die traumatisierten Patienten glauben verloren zu haben. Nehmen Sie ein weißes Blatt mit einem Text. Dieser kann ganz neutral sein. Noch besser ist es, einen schönen, positiven Text zu finden, vielleicht ein Gedicht oder die ersten Paragrafen des Grundgesetzes. Wenn möglich, lassen Sie die Patientin diesen Text vorlesen. Dann verfahren Sie mit dem Blatt wie mit dem Geldschein. Am Ende lassen Sie die Patientin wieder vorlesen: Der Text ist geblieben. Das, was die Patientin auf die Welt mitgebracht hat, ist erhalten geblieben: der Wunsch nach und die Fähigkeit zu Kontakt ebenso wie Neugier und das Bedürfnis, die Welt kennenzulernen. Vielleicht sind manche Stellen schwerer zu lesen, manche Buchstaben gar unleserlich. Dann ist es ein Ziel der gemeinsamen (!) therapeutischen Arbeit, diese Lücken vorsichtig zu ergänzen.

Übung: Falten in der Paarbeziehung

Die letzte Übung mit dem weißen Blatt ist in gleicher Weise hilfreich für strittige Paare: Das glatte weiße Blatt zeigt den Beginn der Beziehung – eventuell auch da schon durch die Brille mit rosa Gläsern betrachtet. Dann kommen die ersten Knicke in das Blatt. Sie falten es ein paar Mal. Das ist die Realität, die Beziehung bleibt nicht ohne manchmal schmerzliche Erkenntnisse und Veränderungen. Wenn Sie das Paar gut kennen, können Sie auch einzelne Knicke benennen. Dann kam eine schwere Krise. Sie knüllen das Blatt zusammen. Sie können dann sagen: »Nun sind Sie hier, um diese Knitter wieder zu glätten. Sie können das Papier sogar bügeln, die Spuren werden bleiben. Sie machen jetzt die Besonderheit Ihrer Beziehung aus. Das Blatt gänzlich zu zerreißen, wäre die letzte Lösung.«

Übung: Von platzenden Kragen und überlaufenden Fässern

»Ich will das ja gar nicht, aber plötzlich habe ich so eine Wut, dass ich wieder ...« Die folgende Übung ist eine sehr einleuchtende Darstellung davon, wie ein Impulsdurchbruch funktioniert und eine gute Übung für Choleriker und Menschen mit erhöhtem Aggressionsspiegel.

Die Metaphern, die diese Übung beschreiben, sind zwei von vielen. Die platzende Hutschnur und das Explodieren gehören auch dazu. Gerade letzteres geschieht in der Übung. Die Patientin nehme eine Flasche Mineralwasser, schüttele sie tüchtig und öffne dann den Verschluss. Ich rate hier zu einem Drehverschluss, dann spritzt es in alle Richtungen. Beim Kronkorken bekommt der Therapeut ungerechter Weise das meiste ab. Die Flasche stand also gehörig unter Druck. Nun geschieht ein Trigger. Ein Trigger ist ein Element des Erlebens, dass im ursprünglichen Trauma auch schon vorhanden war. In unserer Vorführung wird der Trigger durch das Öffnen der Flasche dargestellt. Hier kann mit dem Patienten besprochen werden, was ihn veranlasst, die Flasche so plötzlich zu öffnen und was den Druck darin so gesteigert hat. Machen wir diese Übung mit einer halbvollen Flasche, gibt es noch ein wütendes Zischen, aber deutlich weniger Sprühregen. Eine andere Möglichkeit ist es, die volle Flasche ganz behutsam zu öffnen.

Die Patientin bekommt hier einen Eindruck von dem, was mit ihr geschieht, wenn sie mal wieder aufbraust. Wichtig dabei ist, dass ganz neutral erst einmal ein innerer Vorgang geklärt werden kann, ohne (Selbst-)Vorwürfe und ohne Beschämung. Das bietet eine gute Grundlage, um am Verständnis der Ursachen als auch an der Entwicklung von Lösungen zu arbeiten.

Übung: Überflüssige Gefühle abschneiden

Der Titel klingt ein wenig martialisch. Dabei ist er wörtlich gemeint. Ich denke dabei an eine Patientin, die schwer darunter litt, eine Stelle, für die sie sich beworben hatte, nicht bekommen zu haben, obwohl man ihr große Hoffnungen gemacht hatte. Der alte Job war bereits gekündigt. Wir sammelten die Gefühle, die sie bei sich identifizieren konnte: Enttäuschung, Schuldgefühle, Beschämung, Trauer und Wut. Wir schrieben alle diese Gefühle auf ein Blatt Papier, so, dass sie voneinander abgegrenzt waren. Dann gab ich der Patientin eine Schere und bat sie, alle Gefühle abzuschneiden, die nichts mit der realen Situation zu tun haben. Die Beschämung, das hatten wir bereits erarbeitet, war durch den Satz ihres Vaters entstanden, der ihr immer wieder gesagt hatte, sie sei dumm wie Bohnenstroh und könne ihrem Bruder nicht das Wasser reichen. Schuldgefühle gab es, weil sie ihrer Mutter eine Geldsumme nicht zurückzahlen konnte, die diese ihr hinter dem Rücken ihres Vaters geliehen hatte. Die Enttäuschung kannte sie aus vielfältigen Erfahrungen, weil ihr immer wieder Versprechungen gemacht worden waren, die die Eltern nicht einlösten. Es blieben Trauer und Wut. Die Patientin milderte dann noch die Trauer in Bedauern und die Wut in Ärger, so dass am Ende der Zettel sehr klein wurde.

In der Psychotherapie mit Kindern kann diese Übung mit verschiedenfarbiger Knete durchgeführt werden. Und aus dem dicken Ball wird oft ein kleines Kügelchen.

3

Ich denke: So bin ich – und so sollte ich sein

>»Ich bin nicht das, was mir passiert ist, ich bin,
>was ich entschieden habe zu werden.«
>C. G. Jung (1875-1961)

3.1 Focusing

Focusing ist eine *Psychotechnik,* die wir intuitiv selbst im Alltag anwenden. Wir fühlen ein diffuses Unbehagen, wenn das deutlich genug ist, suchen wir nach der Ursache. Das Überraschende ist, dass das Unbehagen schon nachlässt, wenn wir seinen Grund gefunden haben. Ein Beispiel: Irgendetwas grummelt den ganzen Tag, macht uns unruhig und ängstlich. Dann erkennen wir, dass wir ja noch Tante Birgit eine Geburtstagekarte schicken wollten. (Der Grad des Unbehagens ist unabhängig von Grund.) Schon lässt das Unbehagen nach und wir können die Ursache beseitigen oder zumindest nach einer Lösung suchen.

Als ebenso schnelle Hilfe, ist das Focusing besonders geeignet für eine Kurzzeittherapie. Es geht um die Benennung eines Grundkonfliktes. Bei einer ausführlichen Anamnese lässt sich ein solcher Fokus relativ leicht finden, besonders bei Patienten, in deren Leben sich zum Beispiel verschiedene Konflikte wiederholen. Es wird ein Satz gebildet, der zuerst das Problem beschreibt, dann das dazugehörende Gefühl und schließlich das innere Programm (den Glaubenssatz) der Patientin. Der Satz einer ängstlich-vermeidenden Patientin lautete zum Beispiel »Wenn ich autonom bin und tue, was ich mag, wird meine Mutter krank.«

Das Fokussieren eignet sich übrigens auch sehr gut als Selbsthilfe-Übung. Hilfreich dabei ist das Buch des austro-amerikanischen Philosophen Eugene Gendlin (1988), der diese Methode entwickelt hat. Für Kolleginnen empfehle ich das Buch des Psychotherapeuten Klaus Renn (2016).

Beim Focusing geht es schlicht um das Verstehen, nicht ums Diagnostizieren oder Pathologisieren. Besonders hilfreich ist diese Methode in der Paartherapie: Gelingt dem Paar eine Formulierung im WIR? Dabei kann es sich ebenso um eine gemeinsame (auch positive) Grundfantasie handeln wie um den gemeinsamen Satz zu dem Konflikt, der sie in die Therapie gebracht hat.

3.2 Glaubenssätze

Schon bevor wir auf die Welt bekommen sind, hatten die Eltern ein Bild von uns und Wünsche, wie wir werden sollen. Dieses Bild, das die Eltern von uns haben, ist wichtig, es setzt uns in dieses als Mensch ein, als Subjekt mit Aussehen und Eigenschaften. Schwierig wird es erst, wenn die Eltern an ihrer Imagination festhalten. Dann setzen sie dem heranwachsenden Kind nach ihrem Bild Regeln und Grenzen, die seine Individuation behindern.

Wir sind alle mit bestimmten Sätzen aufgewachsen, wie wir sind, wie wir zu handeln haben und wie die Welt ist. In diesen angeblichen Sicherheiten, die durch Zuweisungen entstanden sind, internalisiert wurden und sich zu Selbstbild und Rollenselbstverständnis entwickelt haben, steckt oft tiefes Leid. Dabei geht es oft um Gefühle wie Schuld, Scham und Insuffizienz. Auf eine kurze Formel gebracht, könnte es so heißen: »Ich bin nichts, ich kann nichts und alle wissen das, und deshalb kann mich niemand leiden.« Es gibt verschiedene Arten dieser Zuschreibungen und den daraus folgenden Glaubenssätzen: Mit Worten und Gesten wird dem Kind schon deutlich gemacht, dass es so, wie es ist, nicht richtig ist. Es ist zu laut, zu albern, zu klein, zu schwach. Hier wird eine Grundlage gelegt, auf die oft in der Pubertät aufgebaut wird. Besonders unwiderlegbar sind körperliche Entwertungen: zu dick, Haare zu dünn, Haltung schief. Ein Patient litt unter der häufigen Korrektur seines Vaters: »Geh gerade, du gehst wie ein Bauer.« Wobei ihm der Vater auf dem Weg zur Kirche die Spitze seines Regenschirmes in den Rücken bohrte. Dieses Bild benutzten wir in der Therapie als Fokus (▶ Kap. 3.1). Mit den gleichen Empfindungen wie bei den Zurechtweisungen durch seinen Vater nahm der Mann jede noch so vorsichtig geäußerte (und berechtigte) Kritik auf, besonders, wenn sie von seiner Frau oder seinem Vorgesetzten kam. Aktualisiert und in den Fokus gebracht wurde diese Geschichte in der Therapie, als ich ihn darauf hinwies, dass er zum wiederholten Mal zu spät gekommen war.

Andere Zuschreibungen erwachsen daraus, wie man sein Leben gestaltet: »Du hast den falschen Beruf, das ist doch brotlose Kunst«, »Willst du wirklich diesen Mann heiraten? Der kann dir doch nicht das Wasser reichen.« Es gibt unzählige Möglichkeiten, ein Kind zu kränken und die Entwicklung eines gesunden Selbstwertgefühls zu verhindern. Natürlich entstehen auf diesem Hintergrund auch Gefühle von Aggression und Hass ebenso wie die narzisstische Leere. Die Form der Glaubenssätze, die vorgibt zu wissen, wie die Welt ist, zeigt sich oft in einem Übertragungsmodus, in Neid oder der Spiegelung des rigiden *Über-Ichs*, denn so tun sie am wenigsten weh: Nicht an mir ist etwas falsch, sondern die anderen sind schuld, und das Leben ist sowieso ungerecht.

Im Laufe der Anamnese und der anschließenden Zusammenarbeit stoßen wir immer wieder auf solche Sätze: »Etwas ist falsch an mir«, »Ich mache etwas falsch.« Diese Selbstzweifel und -entwertungen beziehen sich auf alle Rollen, die wir im Leben einnehmen: als Berufstätige, Elternteil, Freundin, Partnerin oder Kind. Den Sätzen auf die Spur zu kommen, erfordert eine ebenso behutsame und geduldige Arbeit wie die das Auffinden ihrer Hintergründe und der Gefühle, die mit diesen schmerzhaften Gedanken verbunden sind. Wie das gehen kann, möchte ich an folgendem Beispiel erläutern:

Übung: Von der perfekten Mutter zur genügend guten Mutter

Hier geht es um Glaubenssätze, die eine Rolle betreffen, nämlich die Rolle als Mutter.

Ein schönes Bespiel für die Arbeit mit diesen Glaubenssätzen erlebte ich mit einer jungen, überaus klugen Patientin, Frau C. Sie war Archäologin und liebte ihre Arbeit sehr. Als sie dann schwanger wurde, arbeitete sie weiter, ohne auf ihren Zustand Rücksicht zu nehmen. Auch da mag schon ein Glaubenssatz verborgen gewesen sein. Sagt man nicht, eine Schwangerschaft sei keine Krankheit? Das stimmt natürlich. Aber es ist eben ein besonderer Zustand großer körperlicher Veränderungen, gut beschrieben in der Metapher, die aus der Mode gekommen ist, eine Frau sei in anderen Umständen. Heute trauen sich junge Frauen oft nicht mehr, diesen Umständen Rechnung zu tragen, weil ihnen auch aktuelle Glaubenssätze in die Quere kommen: Eine Frau, die ihre Schwangerschaft in den Mittelpunkt stellt, ist nicht emanzipiert, kann (oder darf) keinen beruflichen Ehrgeiz haben. Also tat Frau C. ihr Bestes, um nicht den Eindruck zu erwecken, ihre Schwangerschaft schränke ihre Arbeitsfähigkeit ein. Hinzu kam noch, dass sie sich gerade ihren Platz im Team schaffen musste.

Ihrem Kind gegenüber entwickelte die Patientin wegen dieser Haltung Schuldgefühle. Nach der Geburt quälte sie sich mit dem Gefühl, einfach keine gute Mutter sein zu können, besonders, da sie in den ersten Wochen an einer leichten Wochenbettdepression litt. Immer wieder wurde ihr angebliches Unvermögen zum Thema: »Ich bin keine gute Mutter«. Ich ließ sie aufschreiben, wie denn eine gute Mutter zu sein habe. Es kam eine lange Liste zustande. Wir arbeiteten exemplarisch an einzelnen Sätzen. Hinter jedem verbargen sich Erlebnisse, Gefühle und Kindheitserinnerungen. Es zeigten sich die wortkarge Unverbundenheit in ihrer Familie und der nicht ausgesprochene aber schlecht verhohlene Leistungsanspruch. Zu jedem ihrer rigiden Glaubenssätze fand Frau C. im Laufe der Zeit eine Alternative, manche wurden abgemildert, zu anderen fand sie das direkte Gegenteil – und einige wurden einfach gestrichen. Ich hatte inzwischen den Begriff der *good enough mother* des englischen Kinderarztes und Psychoanalytikers Donald Winnicott (1896–1971) eingeführt. Nach längerer, von viel Trauer begleiteter Arbeit bat ich die Patientin, ihre Ansprüche ans Muttersein zu modifizieren.

Ich habe hier in einer Tabelle auszugsweise das Ergebnis unserer Arbeit zusammengestellt:

Tab. 3.1: Wie gut ist gut genug?

Die gute Mutter	Die genügend gute Mutter
Eine gute Mutter sorgt dafür, dass ihr Kind sicher gebunden ist.	Eine gute Mutter sorgt dafür, dass ihr Kind Vertrauen zu verschiedenen Menschen aufbauen kann.
Eine gute Mutter stellt das Wohl ihres Kindes in den ersten Lebensjahren über ihr eigenes.	Eine gute Mutter stellt das Wohl ihres Kindes in den ersten Wochen und in Extremfällen über ihr eigenes.
Eine gute Mutter ist genau im richtigen Maß chaotisch, sodass es noch charmant ist.	Eine gute Mutter darf auch chaotisch sein.
Eine gute Mutter nimmt sich nie Zeit für sich, die sie auch mit ihrem Kind verbringen könnte.	Eine gute Mutter nimmt sich so viel Zeit für sich, dass sie die restliche Zeit entspannt mit ihrem Kind verbringen kann.
Eine gute Mutter fühlt sich verantwortlich dafür, dass ihr Kind eine schöne Kindheit hat.	Eine gute Mutter sorgt dafür, dass es ihr selbst gut geht, weil ihr Kind dann auch eine schöne Kindheit hat.
Eine gute Mutter liebt ihr Kind mehr als sich selbst.	Eine gute Mutter liebt ihr Kind so wie sich selbst.
Eine gute Mutter hat keine eigenen Hobbies, keine eigenen Interessen und will keine Karriere machen.	Eine gute Mutter hat ein eigenes, interessantes Leben.
Eine gute Mutter ist nicht impulsiv, sondern ausgeglichen. Sie verhält sich erwachsen.	Eine gute Mutter ist mal impulsiv, mal ausgeglichen. Sie hat Gefühle und darf sie zeigen. Und das ist erwachsen!
Eine gute Mutter ist nicht krank, erst recht nicht depressiv.	Eine gute Mutter ist manchmal vielleicht sogar depressiv.
Eine gute Mutter vermittelt ihrem Kind ein gesundes Verhältnis zum Essen.	Eine gute Mutter vermittelt ihrem Kind ein intuitives und autonomes Verhältnis zum Essen.
Eine gute Mutter streitet nicht mit ihrem Partner.	Eine gute Mutter lebt ihrem Kind eine gute Streitkultur vor.
Eine gute Mutter zweifelt nicht an der Welt.	Eine gute Mutter drückt eigene Sorgen, Ängste und Zweifel dem Kind gegenüber angemessen aus und bietet Lösungen an.
Eine gute Mutter hat keine negativen Gefühle gegenüber ihrer Mutterschaft und ihrem Kind.	Eine gute Mutter erlaubt sich ihre ambivalenten Gefühle gegenüber ihrer Mutterschaft und ihrem Kind.
Eine gute Mutter hat keine Angst.	Eine gute Mutter entwickelt Strategien, um mit ihrer eigenen Angst umzugehen.

Tab. 3.1: Wie gut ist gut genug? – Fortsetzung

Die gute Mutter	Die genügend gute Mutter
Eine gute Mutter ist das soziale Herz der Familie. Für eine gute Mutter ist Familie das Wichtigste im Leben.	Eine gute Mutter schafft eine Form von Familie und bildet ein Nest für ein Kind.
Eine gute Mutter genießt es, mit anderen Eltern zusammen zu sein.	Eine gute Mutter genießt es, mit anderen Eltern zusammen zu sein, sofern diese nett sind.
Eine gute Mutter ist im Reinen mit sich und ihren Bedürfnissen, sie hat kein inneres Kind.	Eine gute Mutter ist in Kontakt mit ihren inneren Kindern.
Eine gute Mutter ist eine perfekte Mutter. Sie gibt genug Liebe, verhätschelt nicht, gibt Flügel und Selbstvertrauen, gibt Nähe, aber kann auch im richtigen Moment loslassen.	

Sie können sich vorstellen, unter welchem Druck die Patientin stand, um so viele Sätze zusammenstellen zu können. Wir hätten auch mit anderen Ich-Anforderungen arbeiten können: Wie muss sie im Beruf sein, als Tochter, als Freundin, als Partnerin. Die rechte Spalte in der letzten Zeile habe ich freigelassen, sie verdient es, extra beachtet zu werden, da sie fast wie Poesie klingt. Die Patientin schrieb: »Eine gute Mutter ist eine genügend gute Mutter. Eine genügend gute Mutter vermittelt ihrem Kind automatisch ein Urvertrauen. Eine genügend gute Mutter ist eine gute Mutter.«

Wir beendeten die Arbeit mit einem kleinen Theaterstück, um die neuen Glaubenssätze mehr zu verankern. Dabei sprach ich die Sätze aus der ersten Spalte, Frau C. die Gegensätze. Ich achtete darauf, dass das, was sie sagte, in meinen Ohren glaubwürdig klang. Das gelang verblüffende schnell. Da die Patientin Erfahrungen im Theaterspielen hatte, wurde sie wirklich überzeugend – und unser kleines Theaterstück machte uns beiden Spaß.

Epilog zur obigen Fallvignette

Etwa drei Monate später, Quartalsbeginn: Die Patientin sucht in ihrer Geldbörse ihre Krankenkassenkarte. Sie hält eine in den Händen und sagt dann: »Das ist die von meiner Tochter!« – Ich sage: »Ich habe keine Kassenzulassung für Kinder und Jugendliche!« Ihre Antwort, in überzeugendem Ton: »Meine Tochter braucht auch keine Therapie!«

Übung: Das Theater mit den Glaubenssätzen

Die oben beschriebene Übung des Theaterspielens lässt sich auch leicht durchführen, wenn es nur um einen einzelnen negativen Satz geht. Immer wieder kann der Therapeut diesen Satz sagen, der Patient widerspricht ihm. Er darf dabei auch seine Lautstärke steigern. Ob das auch der Therapeut darf, hängt von der Situation, der Beziehung und der Stabilität des Patienten ab. Wenn möglich, führen Sie diese Übung so lange fort, bis Sie das Gefühl haben, der Patient meine wirklich, was er da sagt – und wenn es auch nur für den Augenblick ist.

Übung: Bessere Sätze finden

Glaubenssätze können auch ganz überindividuell sein, sie spiegeln oft eine allgemeine, sehr rigide Moral. Solche Sätze sind unwiderlegbar. Sie machen uns bzw. den Kindern in uns, ein mulmiges Gefühl und erzeugen Hilflosigkeit ebenso wie das Gefühl, etwas falsch zu machen oder falsch zu sein. Was soll man schon einwenden, wenn man mit Sätzen groß geworden ist wie »Das tut man nicht« oder »Was sollen die Leute dazu sagen?«

Besonders wirksam sind rigide, manchmal sadistische Redewendungen, von denen ich nur hoffen kann, dass sie heute keine Verwendung mehr finden:

- Eigenlob stinkt.
- Übermut tut selten gut.
- Vögel, die morgens singen, holt abends die Katz.
- Wenn das Huhn heiter und fröhlich ist, fängt ihm der Habicht das Küken weg.
- Jungen weinen nicht.
- Ein Indianer kennt keinen Schmerz.

Viele Patienten haben eine eigene Sammlung davon. Auch der Satz »Sei nicht so albern«, der seinen Inhalt nicht einmal in einer fantasievollen Metapher verbirgt, ist gut geeignet, Lebendigkeit und Fantasie zu schwächen. Die Anwendung dieser oder ähnlicher Sprüche hat die gleiche Aufgabe wie auch die implantierten Glaubenssätze, nämlich die Lebhaftigkeit und Sorglosigkeit eines jungen Menschen zu beschneiden und ihn zu einem *normalen, gut funktionierenden* Erwachsenen zu machen. Letzteres wird von den Eltern oft als Erziehungsauftrag verstanden. Interessanterweise zeigt sich diese Haltung sogar bei den aufgeklärten Eltern der 68er Generation. Auch diese hatten ein Bild davon, zu welchem Erwachsenen ihr Kind werden sollte – nur eben ein anderes, und die dazugehörenden Sprüche waren milder.

Die Arbeit mit diesen Sprüchen ist für manche Patienten erschreckend, weil sie ein Eindruck davon bekommen, wie bedroht sie sich in ihrer kindlichen Lebendigkeit gefühlt haben müssen. Umso mehr Spaß macht dann die Entwicklung von Gegen-Sprüchen. Das können selbsterfundene Sätze oder Zitate sein, die ich im Bedarfsfall auch gern vorschlage. Manchmal ist es sinnvoll, den Patienten einfach auf die Suche zu schicken. Es wird ihn erstaunen, wie viel prominente Unterstützung er bekommt, wenn er versucht, sich diesen Sätzen zu entziehen. So fand ich zum stinkenden Eigenlob die Antwort von Goethe: »Selbstlob! Nur dem Neider stinkt's. Wohlgeruch Freunden und eignem Schmack!« Recht hat er. Zur Albernheit fand ich den kleinen Aphorismus von Peter Bamm (1897–1975): »Albernheit ist eine Erholung von der Umwelt.« Und dass Übermut immer guttut, dürfte mittlerweile bekannt sein. – Es geht hier nicht um Moral, sondern darum, Urteile und Vorurteile in ein Gleichgewicht mit der Realität zu bringen.

Diese Übung funktioniert nach dem gleichen Prinzip wie die obige Übung *Von der perfekten Mutter zur genügend guten Mutter.*

Die Patientin sammelt alle Sätze, mit denen sie als Kind eingeschränkt und geängstigt worden ist. Daneben erfindet sie (mit Ihrer Unterstützung) Gegensätze. Wahrscheinlich ist viel Hilfestellung nötig. Es soll keine Zensur, keine Einschränkung geben. Heißt der negative Glaubenssatz: »Du bist gar nichts«, ist der entsprechende Satz »Ich bin alles«. Bei der Arbeit mit diesen Sätzen dürfen Trotz und viel Fantasie im Spiel sein. Später im Prozess können diese Sätze relativiert, das heißt, einer erwachsenen Realität angepasst werden.

3.3 Über-Ich und Ich-Ideal

Ganz gleich, ob Sie tiefenpsychologisch oder verhaltenstherapeutisch arbeiten, die Begriffe *Über-Ich* und *Ich-Ideal* helfen, um die Psychodynamik dessen zu verstehen, was wir Glaubenssätze nennen. Beide Begriffe stammen von Freud, er verwendet sie manchmal synonym (in *Das Ich und das Es*, 1923), manchmal unterscheidet er sie. Im zweiten Fall enthält das Über-Ich die Summe aller elterlichen Ge- und Verbote, es verkörpert also die Gesetze und wirkt als Richter (vgl. Laplanche & Pontalis, 1978, S. 540 ff.). Das

Ich-Ideal ist eine Art »Vorbild, an das das Subjekt sich anzugleichen sucht.« (ebd., S. 203). In diesem Ideal von sich selbst, dass jeder Mensch in sich trägt, sammeln sich noch andere Ansprüche, kollektive, ideologische und religiöse, so wie das Mutter-Ideal, mit dem meine Patientin aus dem obigen Beispiel so kämpfte. Den beiden Instanzen oder Funktionen, *Über-Ich* und *Ich-Ideal* ist es zu verdanken oder anzulasten, dass wir uns so schwer von Zuschreibungen lösen können, die uns in der Kindheit gegeben wurden. Sie stehen zu einem großen Teil unserem Bewusstsein nicht zur Verfügung, wir handeln einfach danach, manchmal mit einem Gefühl von Unbehagen. Frau C. (▶ Kap. 3.2) spürte neben ihren Schuldgefühlen immer auch eine Ambivalenz: Ja, vielleicht müsse sie alle diese Ansprüche (an sie als Mutter) erfüllen, aber sie wünsche sich doch auch etwas anderes. Diese Ambivalenz wurde in behutsamer und geduldiger Arbeit aufgedeckt. Hierbei stelle ich immer wieder die Frage: »Wer sagt das?«

Gleichzeitig benutze ich verschiedene darstellende Spiele, um beide Seiten voneinander zu trennen. So saß zum Beispiel auf einem Stuhl das *Ich-Ideal*, auf dem anderen das (erwachsene!) *Ich*. Oder es gab die Stimme des rigiden Anteils und das kleine Mädchen, das eingeschüchtert glaubte und befolgte, was man ihm sagt. Bei dieser Arbeit mit inneren Anteilen, den Ego-States (▶ Kap. 4 *Wollen wir das mal spielen?*) braucht es allerdings immer auch einen Beistand, ein gutes Objekt, dass dem Kind zur Seite stand. Ich war stolz darauf, dass am Ende die Patientin diese Rolle selbst übernehmen wollte.

Damit sind wir dann der Selbsterkenntnis, der Ressourcennutzung und der Selbstakzeptanz der Patientin nähergekommen. Wir können uns im Leben und im psychischen und sozialen Wachstum umfangreich verändern, wir können neue Reaktionsformen finden, Stereotypen ablegen, ruhiger und mitfühlender handeln. Und schon das sind Entwicklungen, die über einen einzelnen Therapieprozess hinausgehen. Nicht umsonst spricht Freud von der »endlichen und der unendlichen Analyse« (1937). Dieses Statement gilt natürlich für jede Form der Therapie, weshalb es auch keineswegs falsch ist, nach einiger Wartezeit eine weitere Therapie zu beginnen. Die Wartezeit gilt der Integration des bisher Erarbeiteten. Neben den Entwicklungen, die möglich sind, braucht es auch die Akzeptanz dessen, was nicht zu ändern ist. Sheldon Kopp (1929–1999), ein erfahrener, Bücher schreibender Therapeut, beschreibt, wie er sich bei den kleinen Smalltalks, die sich zwischen den Sitzungen eines Kongresses entwickelten, immer noch ängstlich und unsicher fühlte: »Ich bin eben schüchtern. Ihr könnt es mögen oder nicht. Es ist das Beste und das Schlechteste von mir; nur das Zudecken, das Verstecken, das Weglaufen, das bin ich nicht. Doch, all das, was ich nicht bin, bin ich auch« (Kopp, 1985, S. 190ff.).

3.3 Über-Ich und Ich-Ideal

Folgende Übung kann allen oben genannten Sätzen von *Ich-Ideal* und inneren wie äußeren Kritikern entgegengehalten werden:

Übung: So bin ich

Es gibt eine aggressive Art »So bin ich eben!« zu sagen. Da ist keine Veränderung zu erwarten. Und es gibt eine Weise, die nach Mitgefühl, Geduld und Verständnis klingt: »So bin ich, so bin ich geworden, ich habe Gründe, so zu sein. Einiges gefällt mir nicht und ich versuche, es zu verändern. Manches werde ich nicht verändern können. So bin ich *jetzt*!« Manche Patienten verstärken dann ihre Aussage: »Aber das, was ich vielleicht nie verändern kann, kann ich gerade nicht leiden.« »Ja, auch das gehört dazu«, antworte ich dann. »Sie sind das, was sich nicht ändern lässt – und die, der das nicht gefällt.« Der akzeptierende Satz liegt immer oben darüber.

Das *Ich-Ideal* nährt den inneren Kritiker (und umgekehrt). Das ist der *Ich*-Anteil, der uns das Leben damit schwer macht, dass wir nie gut genug sind oder handeln. Die Arbeit mit dieser Instanz ist anstrengend, aber auch interessant – und für den Patienten sehr entlastend. Neben seinen negativen Anteilen, also dem Aspekt des rigiden *Über-Ichs*, hat der innere Kritiker auch einen sehr fürsorglichen Anteil. Er sorgt dafür, dass wir unser Leben in die Hand nehmen und unsere Wünsche/Pläne verwirklichen. Da es sich um einen *Ich*-Anteil handelt, gilt es, sich diesen zum Freund zu machen. (Die meisten Patienten würden diese unangenehme Stimme gern loswerden.) Für die Arbeit mit diesen *Ich*-Anteilen empfehlen sich verschiedene Methoden: Wir können sie auf unterschiedliche Stühle setzen, imaginäre Gespräche mit ihnen führen, sie im Rollenspiel zu Wort kommen lassen oder mit ihnen Briefe wechseln. – So eignet sich die Technik der fünf Briefe (▶ Kap. 8.1) sehr gut für die Arbeit mit dem inneren Kritiker. Am Ende aller Arbeit mit den inneren Stimmen sind die Fragen zu beantworten: »Was willst du von mir? Was kann ich tun, um dich gütig zu stimmen? Was kannst du mir geben – wobei hilfst du mir?«

Übung: So bin ich nicht

Die tiefe, unbewusste Überzeugung, *so* zu sein – unzulänglich, nicht liebenswert, insuffizient und von schlechtem Charakter – bestimmt häufig das Handeln und Auftreten unserer Patienten. Die Arbeit daran erfordert einen langen, von Geduld und Empathie getragenen Prozess. Was ist, wenn eine Situation eintritt, vor der der Patient sich fürchtet, die aber unumgänglich ist? Dabei kann es sich sowohl um einen Besuch bei fremden

Menschen als auch um ein Vorstellungsgespräch handeln. Ich schlage dann eine aktive Situationsvorbereitung vor. Diese Übung habe ich in ähnlicher Weise schon in einem anderen Buch ausführlich beschrieben (Rohwetter, 2020, S.66f.). Dies ist eine Übung, zu der viel pragmatisches Denken und eine Portion Fantasie gehören. Wichtig dabei ist es, dass die Patientin nicht in irgendein Drama, also in Ängste oder furchtbare Erinnerungen geht. Da ist die strukturierende Seite der Therapeutin gefragt.

Zuerst wird die zu erwartende Situation abgeklärt. Was erwartet die Patientin, was befürchtet sie, wie kann sie sich auf die einzelnen Aspekte vorbreiten? Welche Hilfsmittel kommen in Frage? Gibt es Unterstützer und Verbündete? Kann eventuell der Unterstützer hilfreich sein, der in der Übung *Den Dämonen Nahrung geben* (▶ Kap. 4.7) erworben wurde?

Die weitere Arbeit beinhaltet konkrete Dinge wie Körperhaltung (dazu siehe die Übung *Mit beiden Beinen fest auf der Erde stehen* in ▶ Kap. 5.1) und das Wählen der Kleidung. Liegt das Problem in der Angst, nichts sagen zu können, können dafür Lösungen gefunden werden. Manchmal ist es gar nicht nötig, viel zu sagen. Was kann man *fragen*, um andere zum Reden zu bringen? Sollte es sich um ein Vorstellungsgespräch handeln, muss die Patientin natürlich etwas sagen. Aber auch hier ist es erlaubt, erst einmal zu fragen. Dazu hat sie sich natürlich ausführlich vorbereitet, in dem sie sich genau über den Arbeitgeber informiert hat. Zur Unterstützung können ihre möglichen Fragen auf einem Blatt Paper stehen. Wird sie selbst dann gefragt, verschafft sie sich vielleicht Zeit mit Sätzen wie: »Ich weiß nicht ob ich Ihre Frage richtig verstanden habe, meinten Sie ...«

Diese Übung kann öfter wiederholt und auch außerhalb der Therapie mit Freundinnen geübt werden. Eine solche Situation zu meistern, ist sehr befriedigend. Diese Erfahrung bestätigt den Aphorismus: »Wie wird man mutig? Indem man so tut, als sei man mutig« (angeblich ein chinesisches Sprichwort).

3.4 Das ist aber egoistisch!

Für Menschen mit einem so einem rigiden *Über-Ich* wie die junge Mutter, die ich oben beschrieben habe, ist es schwierig, das Konzept von Selbstfürsorge und Selbstbemutterung zu verstehen. Wenn ich (in voller Überzeugung) sage: »Es ist doch in erster Linie wichtig, dass es mir gut geht«, reagieren sie manchmal empört, manchmal aber auch hoffnungsvoll fragend:

»Ist das nicht egoistisch?« Natürlich antworte ich mit einem Ja. Überzeugender wirkt folgende Übung:

Übung: Selbstfürsorge und schlimmes Zahnweh

Ich bitte die Patientin, mir ihren letzten wirklich schrecklichen Schmerz zu schildern. Meist kommt dann an eine Erinnerung an körperliche Schmerzen, schlimmes Zahnweh, eine kindliche Mittelohrentzündung oder eine Appendizitis. Ich lasse mir den Schmerz genau beschreiben. Dann bitte ich die Patientin, folgende Frage zu beantworten: Wie üben Sie mit diesen Schmerzen Ihren Beruf aus? Wie groß ist Ihre Bereitschaft, sich den Kummer einer Freundin anzuhören? Wie stark ist Ihr Liebesgefühl Ihrem Partner gegenüber, wenn Sie Schmerzen haben? Das ist vielleicht eine ziemlich drastische Methode – und sie ist nicht für alle Patienten geeignet. Manchmal allerdings bewirken diese Fragen Wunder. So antwortete eine sehr altruistische Patientin auf die letzte Frage spontan: »Wenn es mir gut geht, liebe ich meinen Mann viel mehr!«

Anmerkungen:

1. Diese Technik verfehlt ihre Wirkung, wenn wir es mit dem Abwehrmechanismus der altruistischen Abtretung zu tun haben. Hier bezieht die Patientin ihren emotionalen Gewinn gerade aus dem Verzicht. Dieser geht (jedenfalls zuerst) verloren, wenn sie sich verstärkt um sich selbst kümmert.
2. Meiner Erfahrung nach hat diese Abwehrform auch einen heilenden Aspekt. So tut es vielen Müttern gut, sich intensiv um ihre Babys zu kümmern. Ihr Kind steht auch stellvertretend für das bedürftige Kind, dass sie selbst einmal waren. Ein Problem kann entstehen, wenn das (reale) Kind selbständiger wird. Allerdings ist das für die meisten Mütter eine Erleichterung, und sie freuen sich darüber, sich mehr um sich selbst kümmern zu dürfen.

3.5 Das Wunsch-Ich

»Sobald du anfängst, in Zielen zu denken, wirst du eine handelnde Person, nicht Opfer, sondern Gestalter.«
Schoenaker, 2016, S. 79

3 Ich denke: So bin ich – und so sollte ich sein

Jenseits aller Forderungen von *Über-Ich* und *Ich-Ideal* gibt es noch etwas anderes, nämlich das *Ich*, dass ich gern sein möchte. Der Prozess dahin wird von Jung Individuation genannt. Er beschreibt den schwierigen Weg der Entwicklung unserer Person, der erst mit dem Tod endet. Nicht umsonst gibt Herrmann Hesse (1877–1962) seinem Demian als Motto den Satz mit: »Ich wollte ja nichts als das zu leben versuchen, was von selber aus mir herauswollte. Warum war das so schwer?« (1977, S.7).

Dass ich als Therapeutin so viele Menschen auf ihrem schwierigen Weg begleiten durfte, so viele Schritte gesehen habe, macht mich sehr dankbar. Besonders groß waren diese Freude und Dankbarkeit immer dann, wenn Patienten nach einigen Jahren wiederkommen und ich sehe, dass sie ihren Weg weitergegangen sind.

Ich beginne die Suche nach dem Wunsch-Ich mit folgender Übung:

Übung: Wer möchte ich sein?

Anleitung: »Stellen Sie sich einen Tag in der Zukunft vor, zum Beispiel den 25. Mai 2028. Sie wachen nach ausreichendem Schlaf auf, fühlen sich ganz wohl, gesund und zufrieden. Sie wissen, dass Ihr Leben in Ordnung ist, dass Sie viel Leid und Probleme hinter sich gelassen haben. Dann fragen Sie sich: Ich habe mich verändert in den letzten Jahren, wie bin ich eigentlich heute? Beschreiben Sie sich als wunderbaren, unperfekten Menschen, der sie sind.«

Die dann folgenden Aussagen klingen vielleicht ähnlich wie die Tischrede auf einen wunderbaren Menschen aus dem Kapitel 8 *Seele auf Papier*. Bei dieser Übung ist es allerdings wichtig, dass Rednerin und die Person, über die gesprochen wird, identisch sind. Achten Sie darauf, dass die Patientin die Übung ernst nimmt. Sie könnte zum Beispiel Opfer eines verinnerlichten Gesetzes wie »Eigenlob stinkt« werden. Es gilt auch zu prüfen, welche Aspekte des *Wunsch-Ichs* aus dem alten *Ich-Ideal* kommen. Diese Anteile können natürlich passen, sie dürfen aufgenommen werden, wenn sie wirklich authentisch sind. Sie beide, Patientin und Therapeutin, werden ein Gefühl dafür haben, ob die Aussagen echt sind. Klingen sie überzeugend? Falls ja, ist das wunderbar. Dann kommt die Patientin in den vollen Genuss: »Die »Wunsch-Ich-Übung« führt zum Aufbau von Glücksaktivitäten, vermittelt Wohlbefindensziele und Genusstraining, stärkt das positive Selbstbild und die Selbstwirksamkeitserwartung« (Rohwetter, 2019, S.93).

4

Wollen wir das mal spielen?

>*»Denn, um es endlich einmal herauszusagen, der Mensch spielt nur,*
>*wo er in voller Bedeutung des Wortes Mensch ist,*
>*und er ist nur da ganz Mensch, wo er spielt.«*
>Friedrich Schiller (1759–1805)

Spielen ist in jeder Form der wichtigste Wesensausdruck des Kindes. Das Kind macht Erfahrungen in Können und Noch-nicht-Können, es lernt, die Welt zu begreifen und zu gestalten, spielend findet es seinen Platz in seiner Umwelt, lernt Rollen zu unterscheiden. Das Rollenspiel bringt dem Kind eine eigene Rollensicherheit. Gerade wenn es sich in unterschiedlichen Rollen erlebt, entwickelt es Verständnis und Empathie. Das Kind kann die Rollen der Menschen einnehmen, die es kennt, es kann eine Märchenfigur sein (wie Ritter, Heldinnen, Prinzessinnen), sogar ein Tier oder irgendeine Wunschfigur. Es kann also spielend etwas oder jemand anderes sein. Diese Form des Rollenspiels ist beliebt bei Kindern zwischen drei und acht Jahren. Übrigens scheint mir die Form vergleichbar, in der Jugendliche und junge Erwachsene ihre Fantasiespiele spielen, die ja auch Rollenspiel genannt werden. Sie erfüllen ein ähnliches kindliches Bedürfnis, nämlich sich von sich selbst zu distanzieren, ein *Ideal-Ich* zu entwickeln und sich in der Welt sicher bzw. sicherer zu fühlen. Dabei ist es (fast) gleichgültig, ob es online oder real gespielt wird. Dieser Wunsch, sich von sich selbst zu distanzieren, quasi die Rolle des Beobachters einzunehmen, kann hilfreich sein bei der Klärung innerer Konflikte. Beim Rollenspiel ist es leicht, den 30 %-Erwachsenen (▶ Kap. 2.2) zu mobilisieren. Im Tausch der Rollen findet der Patient die Möglichkeit, seine Position aus anderer Sicht, aus der Sicht der anderen zu betrachten.

Besonders die humanistische Psychologie hat hier Verfahren entwickelt, die Fähigkeit zum Spielen von Gefühlen und Konflikten zu einer wirkungsvollen therapeutischen Interventionsmöglichkeit zu machen. Ich stelle im Folgenden einige dieser Möglichkeiten vor, ohne auf theoretischen Zusammenhänge einzugehen.

4.1 Verrückt spielen

> »Albernheit ist eine Erholung von der Umwelt.«
> Peter Bamm (1897–1975)

Albernheit ist ein Versuch, sich von Zwängen, innerer Zensur und Glaubenssätzen zu befreien. Dies ist ein Spiel, das Kinder gern spielen, ohne ihm einen Namen zu geben. Ist der Fantasie das Tor weit geöffnet, lassen sich auch für manche Probleme ungeahnte Lösungen finden. Wenn jemand in seinem Beruf als Elektriker unzufrieden ist, warum soll er nicht ein Café in Samoa eröffnen? Warnung: Nicht die Frage »Geht das überhaupt?« stellen, sie vernichtet alle Fantasie, weil sie zu schnell mit »Nein!« beantwortet wird. Erst, nachdem eine Weile frei gespielt worden ist, kann man sich die Frage stellen: »*Wie* kann ich das verwirklichen?«

Ein schönes Beispiel für ein ganz feines, freies Fantasiespiel ist der alte Song (aus dem Jahr 1986) von Rio Reiser *Wenn ich König von Deutschland wär'*. Hier ein paar Auszüge aus dem Lied:

»Ich würd' die Krone täglich wechseln (...)
Würd' die Lottozahlen eine Woche vorher sagen
Bei der Bundeswehr gäb' es nur noch Hit-Paraden

Ich würd' jeden Tag im Jahr Geburtstag haben, (...)
Wäre nie mehr pleite
Die Socken und die Autos dürften nicht mehr stinken (...)«

Unzensiert Zukunftsfantasien entwerfen, sich Racheszenarien vorstellen, außergewöhnliche Lösungen erfinden – Das bringt Opfer und Angstpatienten zu Freude am Spielen, Ausdruck von Gefühlen und erhöhter Selbstwirksamkeitserwartung. Unterstützen Sie solche Fantasien. Auch Rachefantasien sind erlaubt. Als Therapeutin achten Sie auf den spielerischen Rahmen: Fantasien sind keine Pläne! Verrückt nenne ich das folgende Spiel deshalb, weil es mit Absicht aus der Realität herausrückt. In dieser Freiheit eröffnen sich neue Möglichkeiten, und Spaß macht es auch!

Die folgende Übung ist besonders gut für die Arbeit in einer Gruppe geeignet.

Übung: Was würden Sie machen, wenn...

Hier entwerfen Sie Szenarien und lassen die Patienten möglichst witzige, verrückte Lösungen (er-)finden. Damit das Spiel in Schwung kommt, dürfen Sie selbst ein Szenarium vorschlagen und auch beim Finden von Lösungen mitspielen. Das Spiel muss nicht länger als – je nach Begeisterung – drei bis zehn Minuten dauern, es braucht viel Zeit für die Auswertung. Wenn Sie selbst etwas vorschlagen, haben Sie den Vorteil, auch schon eine Antwort bereit zu halten, damit das Spiel in Gang kommt. Hier ein paar Beispiele für mögliche Themen: Was würden Sie machen, wenn

- Sie entdecken würden, dass Sie einen völlig gleich aussehenden Doppelgänger haben?
- Sie beamen könnten, sich selbst, Personen oder Dinge?
- der Papst Sie zur Beraterin haben wollte?
- Sie ganz ohne Geld leben müssten?
- Sie jemand ganz anderes sein könnten – freie Wahl?

Wenn Ihnen oder Ihrer Patientin noch absurdere Ideen kommen: Nur zu, und viel Freude dabei!

4.2 Szenische Darstellungen – Rollenspiele

Rollenspiele können auch in der Psychotherapie hilfreich ein. Im Rollenspiel können wir Persönlichkeitsanteile, verschiedene Personen, reale Situationen, gegenwärtige oder vergangene, darstellen, aber auch Gefühle, innere Konflikte und Ambivalenzen. Rollenspiele sind wichtige Techniken in den therapeutischen Methoden des Psychodramas (▶ 4.6) oder der Schematherapie (▶ 4.5). Auf diese gehe ich später noch ein. Hier beschreibe ich zuerst einfache Rollenspiele, die spontan aus einer therapeutischen Situation entstehen können. Eine solche Situation kann auftauchen, wenn eine Patientin von einem häufig auftretenden Konflikt spricht, der zum Beispiel dadurch entsteht, dass ihr die Fähigkeit zur konstruktiven Abgrenzung fehlt. So kreieren wir die – wenn auch künstliche – Situation des Lernens am Vorbild.

Szenario: Sie wären dann mal Ihre Mutter

Um zu verstehen, worin genau das Problem besteht, spielt die Patientin ihre eigene Mutter (oder Chefin oder...). Sie stellen die Patientin dar, so, wie Sie sie bisher erlebt haben. Bitten Sie die Patientin, die Darstellung ihrer Mutter ruhig zu übertreiben. Das hat drei Vorteile; 1. die Patientin hat weniger Hemmungen, 2. Sie bekommen einen klareren Eindruck vom Verhalten der Mutter und 3. in der Gegenübertragung ein Gefühl, wie es ihr im Kontakt mit der Mutter gehen mag.

Danach sind verschiedene Wechsel möglich:
1. Sie stellen die Mutter dar, wie Sie sie erlebt haben, die Patientin stellt sich dar.
Wechsel zu 2.: Die Patientin stellt die Mutter da, und Sie spielen die Rolle einer angstfreien, erwachsenen Tochter. (Nicht übertreiben, sonst fühlt sich die Patientin überfordert und sagt: »Das schaffe ich nie.«)
Dann der 3. Wechsel: Sie spielen wieder die Mutter und die Patientin übt sich in einer neuen Rolle.
Zum Abschluss sammeln Sie gemeinsam die Standards der Mutter, die die Patientin jedes Mal kränken, in einer Liste. Daneben stehen Sätze der konstruktiven Abgrenzung. Beispiel: Die Mutter sagt: »Es interessiert dich überhaupt nicht, wie es mir geht.« Antwort: (keine Verteidigungen, keine Erklärungen) »Es tut mir leid, dass du es so empfindest.« Oder, am Telefon: »Du meldest dich ja überhaupt nicht.« Antwort: »Was hältst du davon,

wenn wir uns jeweils am Ende des Gespräches für das nächste Mal verabreden?«

Konstruktive Abgrenzung bedeutet, sich nicht ausnutzen zu lassen, klar in seiner Position zu sein und Nein zu sagen, ohne in eine Auseinandersetzung zu gehen. Stattdessen macht man ein Angebot: Genau das kann/möchte ich Dir geben. Wenn eine Freundin mich fragt, ob ich ihr beim Umzug helfe, sage ich zum Beispiel: Ich kann für einen Nachmittag kommen und dir beim Einpacken in der Küche zu helfen. Oder: Ich kann am Umzugstag mit einem großen Topf Suppe für dich und deine Helfer vorbeikommen.

Großer Rollentausch, 1. Variante: Ich habe ein Problem

Meine erste Erfahrung mit einem Rollentausch zwischen Therapeuten und Patientin machte ich während meiner Lehrtherapie. In der Ausbildung zur Bioenergetischen Analytikerin war ich es gewohnt, dass sich die Kandidatinnen gegenseitig therapierten, später sogar, in einer Prüfungssituation, vor der ganzen Lerngruppe. Das war mir also bekannt. Aber in der Zweiersituation die Therapeutin meines Therapeuten zu sein, fiel mir doch schwer. (Damals arbeitete ich noch nicht in einer eigenen Praxis, aber ziemlich autonom in einer Psychologischen Beratungsstelle für Studenten.) Wir wechselten also die Rollen und zur Unterstützung auch räumlich die Plätze. Mein Therapeut schilderte einen kleinen Konflikt in seiner Ehe, wobei ich nie erfahren habe, ob das Problem echt war. Ich konnte mich darauf einlassen, da ich über einiges an Beziehungserfahrung verfügte. Noch heute finde ich es hilfreich, die Rolle eines Patienten einzunehmen, z. B. in der Supervision.

Bei dieser Form des Rollentausches, also mit mir als Patientin, (insgesamt spiele ich dieses Spiel eher selten, aber es macht mir großen Spaß!) wähle ich ein Problem, dass nah am Konflikt der Patientin liegt, so wie mein Therapeut es damals getan hat. So kann es der Patientin eine Hilfestellung sein beim Lösen ihres eigenen Konfliktes. Ich kann auch ein beliebiges Problem wählen, wenn es eher darum geht, die Selbstwirksamkeitserwartung der Patientin zu stärken. Oder ich wähle ein Problem, dass ich inzwischen gelöst habe – und wundere mich, welche andere, möglicherweise bessere Lösungen es gegeben hätte. Auf jeden Fall hilft dieser Rollentausch, die Gleichheit zwischen Patienten und Therapeuten zu stärken. Schließlich sind hier die Rollen mehr oder weniger zufällig verteilt und ein Therapeut ist immer auch ein verwundeter Mensch.

4 Wollen wir das mal spielen?

Großer Rollentausch, 2. Variante: Ich habe Dein Problem

Diese Variante entspricht weitgehend dem Spiel: *Sie wären dann mal Ihre Mutter*. Wenn ich glaube, die Patientin gut verstanden zu haben, sie sich aber sehr im Kreis dreht, biete ich einen Rollentausch an. Ich spiele die Patientin, schildere mich in ihrem Konflikt, ihrer Ambivalenz, ihrer Fixierung, so, wie ich sie bisher verstanden habe. Manchmal übertreibe ich ein bisschen, aber nur so weit, dass sich die Patientin weiter ernst genommen fühlt. Mit der gerade richtigen Dosis Übertreibung kommt manchmal die Antwort: »So schlimm ist es auch wieder nicht.« Ich bestehe dann für eine Weile auf meiner Position als Patient – und es entstehen auf beiden Seiten überraschende Einblicke. Diese Arbeit eignet sich auch zur Unterstützung der gesunden *Ich*-Anteile und zur Klärung der Hauptabwehrmechanismen.

Übung: Jeder spielt viele Rollen

Eine ganz andere Variante von Rollenspielen ergibt sich, wenn wir die Rollen ansehen, die wir in unserem realen Leben spielen. Wir sind Elternteil, Teil eines Paares, Freund oder Freundin, Chefin, Angestellte, Einkäuferin und Nachbar. Und in jeder dieser Rolle geben wir uns ein bisschen – oder auch ganz – anders als in den anderen, gewiss gibt es meist Überschneidungen. Sind wir dann auch ehrlich, authentisch? Mit Authentizität meinen wir so etwas wie echt, echt im Gegensatz zu: Scheinen wir nur so und sind es gar nicht? Täuschen wir die anderen nicht? Die Unterscheidung zwischen diesen beiden Polen ist ein wichtiges Kriterium, wie wir die anderen und auch uns selbst wahrnehmen.

Natürlich sind wir auch authentisch, wenn wir eine Rolle einnehmen. Wir verhalten uns als Therapeuten unseren Kindern gegenüber anders als gegenüber der Kassenärztlichen Vereinigung oder den Klienten. Das gelingt nicht immer. In meinen ersten Jahren als Psychotherapeutin fragten mich meine Söhne manchmal »Sprichst du jetzt als Mutter oder Psychologin?« Ich habe daraus gelernt: Eine Mutter, die zu ihren Kindern als Psychologin spricht, verliert ein wenig von ihrer authentischen Rolle der Mutter – und ist manchmal ein bisschen übergriffig. (Bisweilen ist auch die Psychologin gefragt.)

Die Rollen, die wir in unserem Leben spielen, sind ein angemessener Umgang mit den unterschiedlichen Lebensbereichen, in denen wir uns bewegen. Sie sind Ego-States, gehören also zu unserem Ich und wir können in jeder Rolle authentisch sein.

4.2 Szenische Darstellungen – Rollenspiele

Das Fallbeispiel *Von der perfekten zur genügend guten Mutter* aus dem ▶ Kap. 3 *Ich denke so bin ich*, macht deutlich, wie schwer es sein kann, eine Rollenidentität zu finden. Oft fühlen sich Menschen einfach deshalb in einer Rolle nicht wohl, weil sie nicht genau wissen, wie sie sie ausfüllen können oder müssen. Ein neuer Arbeitsplatz, erste Begegnungen, das Älterwerden, viele Entwicklungen, die wir durchlaufen, verlangen uns eine Neudefinition unserer Rollen ab. Und ganz nebenbei fragen sich auch viele unserer Patientinnen, wie man eine *gute* Patientin ist. Auch mit solchen Rollenunsicherheiten können wir in den Therapiestunden spielen. Fragen wie: »Ich weiß gar nicht, wie ich es meiner Mutter sagen soll« oder »Wie kann ich meinem cholerischen Chef begegnen?« können solche Spiele einleiten. Unsicher in einer Rolle zu sein, ist kein unabänderliches Schicksal! Wir können wachsen. Dazu braucht es eine genaue Realitätsprüfung: Was gehört zu dieser Rolle? Wir fühle ich mich/wie bin ich gerade in dieser Rolle? Was glaube ich, wie die anderen mich wahrnehmen? Wen kann ich fragen? Wir wissen um die große Differenz zwischen Selbst- und Fremdwahrnehmung. Und dann beginnt die Überlegung: Wie möchte ich denn sein in dieser Rolle? Das können wir spielen!

Nachdem geklärt ist, in welcher Weise der Patient sich in seiner Rolle wohlfühlen würde, was er als angemessen und zu ihm passend empfinden kann, kann gespielt werden. Hilfreich ist auch hier die Gruppe, in der vorher herausgearbeitet wurde, welche Kontrahenten, welche Widerstände es geben kann. So kann die neue Rolle gleich mehrfach geübt werden. In der Einzeltherapie übernimmt der Therapeut die Rollen verschiedener Antagonisten. Die Arbeit mit den Alltagsrollen kann auch zu anderen Ergebnissen führen. Wenn die Patientin unauflösbaren Widerstand spürt, sich nicht vorstellen kann, dass es ihr in der besagten Rolle jemals gut geht, braucht es eine andere Lösung. Auch diese kann fantasiert und im Rollenspiel ausprobiert werden. Schließlich muss nicht jeder Chef oder Lehrer sein.

Sheldon Kopp bietet in seinem Buch Rollenschicksal und Freiheit – weit vor Schema- und Ego-State-Therapie – interessante Aspekte zu dem Thema, wie wir Rollen authentisch und angemessen ausüben und wie wir heucheln (Kopp, 1982, S. 27ff.).

4.3 Innere Kinder und andere verborgene Kräfte

Die *Aussöhnung mit dem Inneren Kind* ist seit dem gleichnamigen Buch von Chopich und Paul (1993) ein beliebtes Thema. Manchmal fragen Patienten direkt danach. Es ist allerdings eine Methode, die inflationär betrieben wurde und häufig ohne die die nötige psychotherapeutische Kompetenz. Es ist wichtig, dass der Patient bereits über eine gewisse Stabilität verfügt. Dann handelt es sich um eine wirksame Methode, um seelische Kräfte wie Selbstbemutterung/Selbstberuhigung zu stabilisieren. Wirksam ist diese Technik auch, wenn es um einzelne Situationen geht, nach denen der Patient das Gefühl hat, (völlig) unangemessen reagiert zu haben. Diese Situation lässt sich differenzierter mit dem Konzept der Ego-States bearbeiten als mit dem Inneren Kind (s. folgenden Abschnitt).

Ich lasse mir zum Beispiel die Situation und das als unangemessene empfundene Handeln ausführlich beschreiben und frage dann: »Wie alt haben Sie sich gefühlt?« Der Patient nennt ein Alter. Eine fast immer passende Antwort meinerseits ist: »Für einen Zehnjährigen war Ihre Reaktion doch angemessen!« Das erleichtert den Patienten, und wir können damit weiterarbeiten, was denn geschehen ist, als er zehn Jahre alt war.

Fühlt sich eine Patientin häufig überfordert, ist die Frage nach dem gefühlten Alter erfahrungsgemäß sinnvoll. Natürlich fühlen sich auch Erwachsene manchmal überfordert, und das kann ihrer Situation durchaus angemessen sein. Klassische Situationen, in denen andere als erwachsene innere Anteile beteiligt sind, sind oft Prüfungen, Steuererklärungen und das Kennenlernen neuer Menschen. Auch hier ist die Feststellung, dass das Gefühl dem inneren Alter angemessen ist, hilfreich und entlastend. Eine Dreizehnjährige kann keine Steuererklärung abgeben, sie ist überfordert – und trotzig. Eine Fünfjährige kann keine Fahrprüfung bestehen, sie ist überfordert und ängstlich.

Ich habe bei den Beispielen nicht mehr vom Inneren Kind gesprochen, sondern von inneren Anteilen. Es gibt mehr innere Anteile als *das* Kind, und es handelt sich nicht nur um traurige, wütende oder verzweifelte *Ich*-Anteile. Auch andere Anteile können in ihrer Entwicklung steckengeblieben sein. In einem Kind, dessen Eltern seine fröhliche Lebendigkeit (Albernheit) nicht ertragen konnten, wird diese genauso einfrieren wie in einem anderen Kind, dessen Wut heftig und beschämend verurteilt worden sind, die aggressiven Impulse einfrieren.

Exkurs: *Ich*-Anteile, Seelenrettung und Seelenrückholung

Die Arbeit mit *Ich*-Anteilen, wie sie zum Beispiel in der Traumatherapie eine wichtige Technik ist, ist keine neue Erfindung. Sie hat viele Vorläufer. In der analytischen Psychologie spielt das Konzept der *Persona* eine Rolle. Mit diesem Begriff wurde in der Antike die Maske des Schauspielers bezeichnet (Jung, 2013, S. 86). Hinter dieser Maske verbergen sich, bewusst oder unbewusst, Anteile, die das *Ich* vor der Umwelt verstecken will. Bei Jung sind diese Anteile eher negativer, ungeliebter Natur, also verdrängte Impulse oder Wünsche.

Auch der Schamanismus besitzt eine jahrtausendealte Tradition, in der es um verlorene *Ich*-Anteile geht. Es hört sich an wie eine frühe Psychologie, die sich mit Begriffen wie Verdrängung, Abspaltung, frühe Traumatisierung beschreiben lässt. Auch bei den schamanistischen Techniken des Heilens geht es um *Ich*-Anteile, die sich aus der Person zurückgezogen haben, und zwar aus Gründen, die in der realen Welt liegen. Diese Seelenanteile können zurückgeholt werden. Dazu steigt ein Schamane in eine andere Welt herab, das entspricht in der Psychotherapie der Analyse der unbewussten Ursachen. Heutige schamanistisch Praktizierende der Foundation for Shamanic Studies nennen diese andere Welt die nichtalltägliche Wirklichkeit. Die bekannteste Form des modernen Schamanismus ist der von dem Anthropologen Michael Harner (1929–2018) genannte *Core-Schamanismus* (Harner, 1999), in dem er die Gemeinsamkeiten verschiedener Formen zusammenfasste und mit Techniken ergänzte, die er selbst entwickelt hat.

Die bekannteste davon ist wohl das Finden des Krafttieres. Diese Krafttierübung habe ich mir einigen wenigen Patientinnen durchgeführt. Es ist – diesseits aller Esoterik – eine wunderbare Übung, Menschen mit ihrer inneren Kraft in Kontakt zu bringen, in dem sie ein Symbol (ähnlich eines guten Objekts) dafür finden.

Zur Seelenrückholung: Wird im Laufe eines Gespräches mit dem Schamanen, im Zusammenhang mit einer Krankheit oder der Erinnerung an ein schreckliches Ereignis, ein fehlender Seelenanteil angenommen, so begibt sich der Schamane in die nichtalltägliche Wirklichkeit. Er sucht und findet den fehlenden Teil. Manchmal versteckt der sich, zum Beispiel, wenn es sich um einen besonders ängstlichen oder sehr verletzten Anteil handelt. Dann ruft der Schamane seine Hilfsgeister, die ihn bei der Suche unterstützen – wie es in der Psychotherapie zum Beispiel Übungen, Psychopharmaka oder andere Institutionen tun. Nach einer Weile lässt sich der Seelenanteil finden, er muss überzeugt werden, dass ihm nichts geschieht, wenn er zurückkommt. Der Schamane haucht dann seinem Klienten den wiedergefundenen Anteil durch die Sutura coronalis (etwa der Stelle der vorderen Fontanelle) ein. Der Klient muss versprechen, behutsam mit diesem Anteil umzugehen und sich liebevoll um ihn zu kümmern, damit er Vertrauen fasst und bei ihm bleiben will. Das beste und umfangreichste Werk über den Schamanismus bleibt das des Religionswissenschaftlers und Philosophen Mircea Eliade (1907–1986) *Schamanismus und archaische Ekstasetechnik*.

4.4 Die Ego-State-Therapie

Eine ausführliche Darlegung der inneren Anteile finden wir in der Ego-State-Therapie, die in den 1980er Jahren von dem amerikanischen Psychologenehepaar John und Helen Watkins entwickelt wurde. Sie vereinigten verschiedene psychologische Theorien zu einer in der therapeutischen Praxis leicht anwendbaren Arbeitstechnik. Ihre Theorie beruht auf der Annahme – beziehungsweise der Beobachtung, dass sich unter dem, was »Ich« sagt, verschiedene Persönlichkeitsanteile verbergen.

Die *Ich*-Anteile lassen sich bestimmten Gefühlen und/oder Entwicklungsstadien zuordnen, zum Beispiel: das fröhliche achtjährige Kind, die ängstliche Dreijährige, der wütende Pubertierende etc. Diese Anteile entstehen in lebensgeschichtlich prägenden Situationen. Es sind unsere nicht verheilten Wunden, die wieder aufbrechen, wenn wir in vergleichbare Lebenssituationen kommen, ebenso aber auch positive Anteile, die nicht gelebt werden durften (das fröhliche, laute, alberne, selbstständige Kind) (siehe Watkins & Watkins, 2003).

Diese verborgenen Anteile können beim Erwachsenen getriggert werden. So kommen scheinbar unangemessene Reaktionen zustande. In der Therapie frage ich dann vielleicht: »Wie alt fühlen Sie sich, wenn Sie so reagieren/handeln?« Oft kommt eine sehr spontane Antwort: »Als wäre ich 5.« Ich antworte dann: »Für einen Fünfjährigen ist ein trotziger, heftiger Wutausbruch als Reaktion auf die Nichterfüllung eines Wunsches durchaus angemessen.«

In jeder Arbeit mit einem oder mehreren dieser inneren Anteile geht es nicht darum, das loszuwerden, was uns unbequem erscheint, wie ängstliche Kinder oder den Inneren Kritiker, sondern darum, alle Anteile zu akzeptieren, zu integrieren und sie für ein gutes Leben zu nutzen. Die Arbeit

4.4 Die Ego-State-Therapie

mit den Ego-States eignet sich besonders gut für die Psychoedukation. Sie kann innere Konflikte für Patienten anschaulich verdeutlichen. Gleichzeitig ist sie besonders wirksam in der Trauma-Psychotherapie, indem zum Beispiel dem traumatisierten *Ich*-Anteil ein gutes Objekt zur Seite gestellt wird. Das gute Objekt dient zur Unterstützung der vorhandenen Resilienz. Es macht die Fähigkeit der inneren Anteile deutlich, die das *Ich* zum Überleben genutzt hat. Außerdem sind Täterintrojekte weniger beängstigend, wenn ihnen andere Ego-States angstfrei begegnen können.

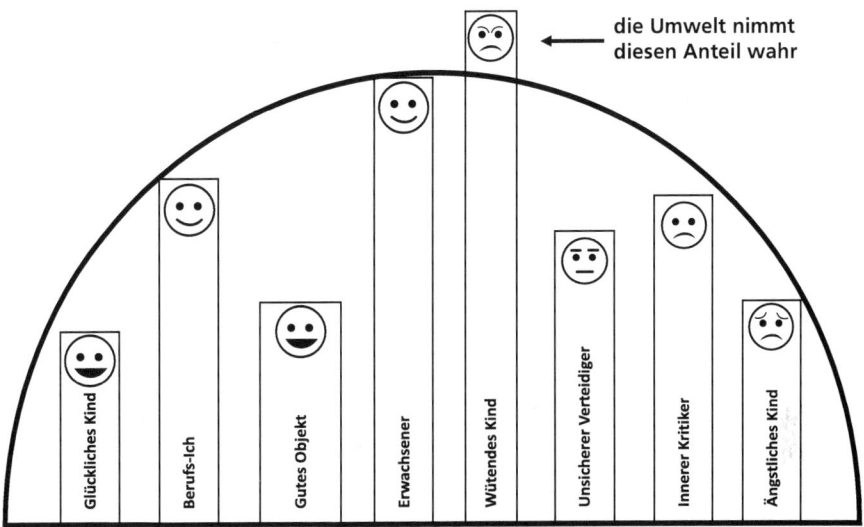

Abb. 4.1: Die Ego-States. Ein Ich-Anteil übernimmt die Führung (hier das wütende Kind), »Impulsdurchbruch«: viel Streit. Aus: Rohwetter, 2015, S. 40. Den Inneren Kritiker zähmen. Strategien und Übungen für ein gutes Selbstwertgefühl. Stuttgart: Klett-Cotta.

Vor diesen Übungen gebe ich immer eine kurze Einführung in den Begriff Ego-State. Das gelingt am besten anhand von Zeichnungen (vgl. Rohwetter, 2015, S. 38ff.). Da gibt es einen Halbkreis, der das *Ich* darstellt, das, was die Umwelt von uns wahrnimmt (▶ Abb. 4.1). Darin befinden sich – in unterschiedlichen Größen und Anordnungen – verschiedene *Ich*-Anteile. Ich kann mit diesem einfachen Schema darstellen, ob die Anteile gut integriert sind oder nicht und welcher Anteil sich manchmal hervortut, zum Beispiel in Form eines Impulsdurchbruches. Bei diesem wird die Linie, die das *Ich* bildet, gesprengt. Für die Arbeit mit den Ego-States werden die einzelnen

Ich-Anteile gemeinsam mit der Patientin definiert. Alle Instanzen oder Protagonisten innerer Konflikte sind in dem, was wir *Ich* nennen, enthalten als *Ich*-Anteile. Wir kennen auch gesunde *Ich*-Anteile, die eine Unterstützung benötigen können, wie zum Beispiel das lebhafte, fantasievolle Kind. Dazu kommen die ungesunden Anteile, die im Laufe von Traumatisierung integriert worden sind. Vermute ich, dass es bei einer Patientin eine Reihe von abgespaltenen, nicht zugänglichen *Ich*-Anteilen gibt, mahnt mich das zu Vorsicht. Hier könnte eine dissoziative Identitätsstörung vorliegen. Dann kann die Arbeit mit den Ego-States zu weiteren Spaltungen führen.

Nun zur praktischen Arbeit (zu verschiedenen Techniken der Arbeit mit inneren Anteilen siehe Rohwetter, 2015, Reddemann, 2001, Fritsche, 2016).

Übung: Zwei Seelen in meiner Brust

Diese Übung eignet sich gut für Ja-Aber-Situationen. Zwei oder mehrere innere Anteile sind miteinander im Clinch. Die Patientin empfindet in einer Situation widerstreitende Gefühle. Diese gilt es voneinander zu unterscheiden und sie zu benennen. Danach werden die beiden Anteile miteinander in Kontakt gebracht. Dazu werden am besten unterschiedliche Stühle bereitgehalten und den Anteilen zugeordnet. Die Patientin setzt sich *immer* auf den Stuhl des Anteils, der gerade spricht. Bei der erwähnten Ambivalenz-Problematik kann das so aussehen:

> Die Patientin, Frau P., ist unzufrieden mit ihrer Arbeit und fühlt sich unterfordert. Sie sieht eine interessante Stellenausschreibung und möchte sich bewerben. Gleichzeitig sagt ihr eine Stimme: »Bildest du dir wirklich ein, dass du das kannst, was da gefordert wird?« Bei der Ausarbeitung der beiden Stimmen finden wir verschiedene Ego-States. Die »Ja«-sagende Stimme ist sowohl die erwachsene Frau als auch ein mutiges Mädchen von etwa zwölf Jahren. Auf der anderen Seite stehen der innere Kritiker und ein ängstliches Kind von fünf bis sieben Jahren. Wir haben es also mit vier Anteilen zu tun – und ich vermutete, dass im Hintergrund noch andere Stimmen wirken. Ich schlug vor, die Auseinandersetzung zwischen zwei der Beteiligten zu führen. Die Auswahl schien uns in diesem Fall leicht. Zuerst bedankten wir uns bei dem ängstlichen kleinen Mädchen für seine *Wortmeldung*, teilten ihr dann sanft mit, dass wir sie an dieser Entscheidung nicht beteiligen wollen, für eine Arbeitsplatzwahl trüge sie keinerlei Verantwortung. Einen ähnlichen Bescheid erhielt das zwölfjährige Mädchen. Die Patientin bedankte sich, dass ihr Mut gemacht wurde. Mehr konnte dieser *Ich*-Anteil nicht für sie tun.

Anmerkung: Vielleicht scheint es Ihnen merkwürdig, sich bei inneren Anteilen so formell zu bedanken. Ich finde es wichtig, weil diese Anteile integriert, also als zur eigenen Person gehörend akzeptiert werden sollen. Das Bedanken ist ein Weg dahin.

So fand also das anschließende Gespräch zwischen dem Erwachsenen-Ich und dem Inneren Kritiker (manchmal auch Boykotteur genannt) statt. Das ähnelte einer Auflistung von Argumenten, wie wir es kennen, wenn wir eine Pro- und Kontraliste machen. Die Patientin kam der Entscheidung nicht näher. Das konnte nur bedeuten, dass noch andere Ich-Anteile im Spiel waren. Schließlich stellte sich heraus, dass wir das ängstliche Kind zu früh verabschiedet hatten. Ihm ging es nicht darum, ob die Erwachsene den Anforderungen gerecht werden könnte, die der neue Job stellte. Es hatte einfach Angst vor der Unsicherheit. Was wäre, wenn die Erwachsene ihren sicheren Arbeitsplatz aufgeben und in der halbjährigen Probezeit – aus welchen Gründen auch immer – entlassen werden würde? Die Patientin entschied, dass sie tatsächlich nicht bereit sei, dieses Risiko einzugehen. Stattdessen wolle sie versuchen, sich einen anderen Status an ihrem jetzigen Arbeitsplatz zu schaffen. Sie war sehr klar in ihrer Entscheidung und fühlte sich damit erleichtert. Unabhängig davon konnten wir an ihrem großen Bedürfnis nach Sicherheit weiterarbeiten.

Übung: Viele Helfer

Wenn ein Konflikt, eine Entscheidung sehr schwierig oder komplex ist, ist es möglich, eine andere Technik anzuwenden, die des Inneren Teams (vgl. Schulz von Thun, o.J., Reddemann, 2001, S. 42f.).

Hier darf eine ganze Reihe von bisher definierten Ego-States mitreden. In einer Einzeltherapie können dazu verschiedene Orte im Raum zugewiesen werden, in der Gruppe übernehmen Teilnehmer die einzelnen Rollen. Es funktioniert auch, wenn jeder Ich-Anteil ein Blatt Papier mit seinem Namen bekommt und darauf seinen Standpunkt notiert. Protagonisten können sein: das kleine Kind, die Jugendliche, der Innere Kritiker etc. Am Ende setzt sich der Erwachsene mit den unterschiedlichen Meinungen auseinander – nachdem er sich für die Bereitschaft zur Unterstützung bedankt hat.

Übung: Erklären und beruhigen

Die häufigste und populärste Anwendung der Ego-States ist die Arbeit mit dem Inneren Kind, das entweder ängstlich, traurig oder wütend ist. Hier werden Erlebniswelten, Erfahrungen und Gefühle deutlich, die den erwachsenen Menschen geprägt haben. In einer bewussten, beabsichtigten und kontrollierten *Ich*-Spaltung wird schmerzhaftes Erleben im Schutz des inneren Beobachters, des erwachsenen *Ichs* und auch der Therapeutin deutlich, fühl- und heilbar. Diese *Ich*-Anteile sind häufig nicht bewusst, spielen aber im Gefühl und im Verhalten der erwachsenen Person eine große Rolle, zumal, wenn sie manchmal die Führung übernehmen (Impulsdurchbrüche). So mag hinter manchem cholerischen Erwachsenen ein wütendes Kind stecken – aber auch ein ängstliches. Dann ist der wütende Habitus ein Täterintrojekt oder ein Abwehrmechanismus.

Um in Kontakt mit diesen Anteilen des kindlich gebliebenen *Ichs* zu kommen, braucht es ein behutsames Vorgehen. Man kann den Kontakt herstellen, wie man es mit einem realen Kind täte. (Ich spreche jetzt der Verständlichkeit halber einfach nur von dem Kind.) Es bekommt einen eigenen Stuhl, vielleicht versehen mit einem Übergangsobjekt, einer Decke oder einem Stofftier. Manchmal bringt eine Patientin auch ihr lange gehütetes Kuscheltier mit. Dann beginnt ein Gespräch, ein leichtes Geplauder: Wer bist du, wie alt bist du, wie geht es dir? Behutsam nähert sich das Gespräch dem Konflikt. Jedes Mal, wenn der Sprecher wechselt, ändert der Patient auch seinen Platz. Ziel ist die Akzeptanz und die Integration dieses Kindes.

Am Ende steht hoffentlich das (glaubhafte) Versprechen des Erwachsenen, dass das Kind nun geschützt ist und ihm nie wieder etwas Vergleichbares angetan werden kann. Damals hatte es keinen Schutz und konnte sich nicht wehren. Heute ist das anders! Manche Patientin schreckt vor diesem Versprechen zurück. Das verstehe ich, es klingt vermessen. Und trotzdem ist es wahr: Selbst, wenn ein ähnliches Ereignis noch einmal geschieht (ein Unfall, eine Misshandlung): Sie geschieht jetzt dem Erwachsenen, nicht dem Kind. Der Erwachsene hat andere Möglichkeiten, sich zu verteidigen oder böse Erlebnisse zu verarbeiten.

Freude mit Inneren Kindern

Diese *Ich*-Anteile – ich kann es nicht oft genug erwähnen, sind nicht nur traurig ängstlich oder wütend. Sie können auch fröhlich, spontan, fantasievoll und mutig sein. Auch solche Anteile können bewusstgemacht und integriert werden. Diese Kinder sind in der Regel leichter zu erreichen, leben noch in der bewussten Erinnerung. In der Anamnese frage ich oft danach, was für ein Kind die Patientin im Alter von vier bis sechs Jahren war. Da kommen sie dann oft zum Vorschein, die neugierigen, frechen, mutigen kleinen Menschen. Je mehr dieser Eigenschaften erwähnt werden, desto positiver scheint mir die Prognose für eine Therapie. In der Beschäftigung mit den fröhlichen Kindern geschieht es oft, dass sich die Rollen vertauschen. Die Antworten, die dieses Kind auf die ihm gestellten Fragen geben kann, sind dann Hinweise auf Lösungen, die der Erwachsene sucht.

Auch wenn diese Arbeit einen eher leichten und erleichternden Eindruck macht, verdient sie doch Zeit und Sorgfalt. Manchmal haben sich positive Eigenschaften durch verschiedene Erlebnisse in weniger sympathische verwandelt. So konnte aus dem fröhlichen Kind ein Klassenclown werden, aus dem hilfsbereiten ein devoter Erwachsener, aus dem mutigen Kind ein aggressiver Jugendlicher. Wenn das deutlich wird, entsteht in den Patienten das Verständnis und eine mitfühlende Akzeptanz für eine Eigenschaft, die er sonst in sich verurteilt.

4.5   Schematherapie

Die Schematherapie ist im Wesentlichen eine Erweiterung der kognitiven Verhaltenstherapie um Aspekte der Psychodynamik der Konflikte. Es wird, besonders zu Beginn der Arbeit, mit szenischen Darstellungen gearbeitet. Diese unterscheiden sich von der Ego-State-Therapie dadurch, dass auch äußere Objekte eingebunden sind. Reale, in der Geschichte wichtige Menschen sind ein Teil des Schemas. Als Schema wird die Reaktionsbereitschaft auf eine akute Situation bezeichnet, in der eine alte Erfahrung angestoßen (getriggert) wird (Roediger, 2018, S. 31). Dabei liegt der Kern (das *Schema*) in der alten Erfahrung einer wiederholten psychischen Verletzung. Diese hat eine bestimmte neurotische Entwicklung zur Folge hat – in der Schematherapie *Domäne* genannt. Dahinter verbirgt sich jeweils ein Grundbedürfnis. Hier ein Beispiel:

Durch Situationen emotionaler Vernachlässigung, Misshandlung oder Isolation (Schema) entsteht das Gefühl von Abgetrenntsein und Ablehnung (Domäne). Das Grundbedürfnis ist hier das nach Bindung (Roediger, 2018, S. 34). Ein bestimmtes Verhalten einer Bezugsperson führt zu entsprechenden Impulsen und damit auch zu bestimmten Sätzen negativer Selbstdefinition. Letzteres kann kompensiert werden, diese Kompensation ist allerdings in der Regel auch nicht gesund – und macht nicht glücklich, zum Beispiel die Identifikation mit dem Aggressor oder das vollständige Vermeiden von Gefühlen.

4 Wollen wir das mal spielen?

Das meist unbewusste Schema bewirkt eine Reaktion, von denen erwachsene Menschen sagen würden, sie sei der Situation nicht angemessen. So entwickeln Menschen, die auf eine andere Person warten, oft intensive Gefühle wie Wut oder Angst, verlassen worden oder nicht wichtig zu sein. Auch in der Einzeltherapie erleben wir solche Szenen. Da berichtet eine Patientin von meiner Äußerung drei Sitzungen zuvor, in der ich etwas gesagt habe, das sie sehr verletzt oder geärgert habe. Oft erinnere ich mich gar nicht an die entsprechenden Worte, bin für diese Vorwürfe aber immer sehr dankbar: Da sind wir offensichtlich einem Schema auf der Spur. Die Themen, die dabei entdeckt werden, können auch als *Lebensfallen* bezeichnet werden. Wenn wir das zugrunde liegende Thema entdeckt haben – mit einer dazugehörenden Kinderszene – können wir es spielen. Natürlich werde ich vorher versuchen, die Beziehung zwischen mir und der Patientin zu klären. In der Regel entschuldige ich mich auch: »Vielleicht habe ich mich ungeschickt ausgedrückt oder für meine Äußerung einen falschen Zeitpunkt gewählt. Auf jeden Fall tut es mir leid, Sie verletzt zu haben.« Manchmal habe ich mich auch geirrt – dann finden wir an dieser Stelle *kein* Schema.

Mit dem Wissen von der Ursache des unangemessenen Verhaltens können wir beginnen, neue Reaktionsformen zu entwickeln. Hier kann zwischendurch eine Sitzung mit dem Inneren Kind eingeführt werden. Es lernt zu verstehen, dass sein emotionaler Ausbruch *damals* passend gewesen wäre, aber nicht sein durfte. Heute ist die Situation eine andere. Neue Reaktionsmuster brauchen Zeit und Geduld und ein Selbst-Mitgefühl.

> So erzählt die Patientin H. von ihrem Mann, der sehr geräuschempfindlich ist. Immer wieder bittet er sie, leiser zu sprechen – und das nach vielen Beziehungsjahren nicht immer freundlich. Frau H. ist jedes Mal tief verletzt und reagiert mit Weinen und Wut. Sie fühlt sich in ihrer Lebendigkeit beschnitten, die ihren Eltern unerträglich war. Die Familie lebte in einer kleinen Wohnung, der Vater war außerdem Schichtarbeiter. Singen, lautes Lachen, vor allem *Albernheit* waren nicht erlaubt. Nachdem die Patientin ihre Kränkbarkeit verstanden hatte, entwickelte sie eine Reihe von Lösungsstrategien: 1. Sie unterbrach das Gespräch sofort, um sich zu beruhigen. 2. Sie atmete tief durch, lernte, ihren Impulsdurchbruch zu regulieren. Die Lösung, die uns beiden am besten gefiel, hat auch langfristig funktioniert: Sie beantwortete die Frage »Kannst du auch leiser sprechen?« mit einem lauten, deutlichen »Nein!« – Und sprach dann leiser weiter.

An der konkreten Arbeit mit dem Schema können verschiedene Protagonisten beteiligt sein: Das Kind, der damals strenge Erwachsene, ein innerer Kritiker und ein freundlicher Erwachsener als Bewältigungsmodus. Die Szene darf vielfach gespielt, dem Alltag der Patientin entsprechend modifiziert und immer wieder mit anderen Konflikten in Verbindung gebracht werden. Die Grundbedürfnisse, die sich in diesem Schema spiegeln, werden auf ihren Realitätsbezug kontrolliert und es wird geprüft, wo sie sich heute im erwachsenen Leben verwirklichen lassen.

4.6 Das Psychodrama

Diese Technik für Psychotherapie und Beratung entwickelte der österreichische Arzt Jacob Levy Moreno (1890–1974): »Ziel des Psychodramas ist die Aktivierung und Integration von Spontaneität und Kreativität. Konstruktives spontanes Handeln ist zustande gekommen, wenn der Protagonist für eine neue oder bereits bekannte Situation eine neue und angemessene Reaktion findet« (Moreno, 1959, S. 34).

Hier geht es nicht nur um ein *Rollenspiel,* sondern um die Möglichkeit, Lösungen (Handlungsmöglichkeiten) fantasievoll zu entwickeln und Wünsche kennenzulernen. So können in die Szene auch reale oder symbolisierende Gegenstände einbezogen, der Raum verändert oder verlassen oder Personen ausgetauscht werden, vergleichbar etwa dem Stegreiftheater: Moreno nennt dies *Schöpferisches Handeln in der Interaktion.* Auch Mimik und Gestik werden eingesetzt. Das Psychodrama spielt im *Hier und Jetzt,* die Trennung zwischen Fantasie und Realität darf aufgehoben sein: So kann die Vergangenheit geändert und die Geschichte neu inszeniert werden. Das Psychodrama eignet sich am besten zur Darstellung und Lösung realer, akuter Konflikte.

Diese Methode für eher strukturstarke Patienten eignet sich besonders für die Gruppentherapie. Alle Mitspieler können vom *Theaterspielen* profitieren: Es macht Spaß, stärkt das Selbstbewusstsein und lässt auch ängstliche Menschen zu Wort kommen, weil/wenn es gerade nicht um sie geht. Das gemeinsame Erleben festigt den Gruppenzusammenhang und das Verständnis für den Mitpatienten. Außerdem kann jeder hemmungslos eigene Anteile entdecken.

4 Wollen wir das mal spielen?

Übung: Das Drama

Es gibt einen Protagonisten, der ein Thema oder einen Konflikt bearbeiten will. Er wählt seine Mitspieler aus. Zu Beginn wird der Protagonist vom Spielleiter interviewt, bis sein Thema allen deutlich ist. Die Mitspieler übernehmen entweder innere Anteile des Protagonisten oder am Konflikt beteiligte Personen. Im Kreis der Darsteller steht ein leerer Stuhl (Verständnis-Stuhl), auf den sich ein nichtbeteiligtes Gruppenmitglied setzen kann, um von außen gesehen eine Wahrnehmung mitzuteilen oder eine Verständnisfrage zu stellen. Es ist auch möglich, dass ein Gruppenteilnehmer sich kurz hinter den Protagonisten stellt, um ihn zu unterstützen, in dem er zum Beispiel bei Formulierungen hilft – Moreno nennt diese Rolle das Hilfs-Ich. Wenn der Protagonist es wünscht (oder der Spielleiter es vorschlägt) ist ein Rollentausch möglich. Der Spielleiter kann auch andere Vorschläge einbringen, allerdings mit großer Zurückhaltung. Und er greift ein, wenn Grenzen überschritten werden. Am Ende wird die Bühne verlassen und über das Geschehene gesprochen. Es empfiehlt sich, zwischen dem Spiel und der Erörterung der unterschiedlichen Erfahrungen eine Pause zu machen und in das übliche Therapiesetting zurückzukehren. In der Einzelpraxis (oder in der Paartherapie) braucht das Psychodrama einige Modifikationen: Man kann mit Stellvertretern arbeiten, mit Stühlen, auf denen ein Zettel mit einem Namen liegt, mit Plüschtieren oder anderen Gegenständen.

4.7 Kleine Theaterstücke

Viele sich wiederholende Szenen aus dem Alltag lassen sich in der Therapie darstellen. Dadurch wird die Problematik klarer und die Dramatik entschärft. Apropos Dramatik: Je überzogener die Szene dargestellt wird, desto geringer wird ihr Gewicht in der Realität.

Übung: Abstand schaffen

Immer wieder geht es darum, traumatisierten Patienten die Wiederkehr des Erlebten zunehmend zu ersparen, Flashbacks und Albträume zu vermeiden und die Folgen (meist Handlungseinschränkungen und Ängste) zu mildern. Dazu braucht es eine Distanz zum Vergangenen. Diese besteht darin, ein Gefühl zu entwickeln, dass das Geschehene wirklich vergangen ist. Um sich innerlich distanzieren zu können, hilft es, die Patientin darum zu bitten, beim wiederholten Beschreiben der Situation eine besondere Technik anzuwenden, quasi eine Beobachterposition einzunehmen: Bei dieser ist es wichtig, dass die Patientin bei der Beschreibung von frühen schmerzhaften Ereignissen nicht einfach Ich sagt, sondern von ihrem Ich-als-Kind spricht. Sie kann auch vom Geschehen wie von einem Film sprechen, den sie gesehen hat – oder den sie drehen will. Letzteres lässt zu, dass der nächste Punkt, die Rettung, gleich folgen kann: Die Patientin als Regisseurin oder Drehbuchschreiberin kann den Ausgang dieses Filmes verändern. Sehr gern mag ich die Variante, in der die Patientin eine Journalistin ist, die zum Thema der Patientin recherchiert hat. Natürlich sind die beiden nicht identisch. Die Journalistin, ich nenne sie Frau Meihaus, und ich sprechen über ihr Projekt. Sie erzählt ihre Geschichte (in der 3. Person), ich stelle inhaltliche Fragen, aber auch Fragen danach, wie sie die Geschichte der Patientin, Frau B., darstellen möchte. Frau Meihaus fragt mich nach Erklärungen, psychodynamischen Zusammenhängen usw. Zwischendurch muss die Patientin vielleicht wieder an ihre Rolle erinnert werden.

Übung: Den Platz des Unglücks verlassen

Oft stoßen wir in Therapien auf Widerstände der Patienten, die die Heilung erschweren. Dieser Widerstand hat verschiedene Gründe. Einer davon ist der Wunsch, eine kindliche Verantwortung nicht aufzugeben. Jedes Kind fühlt sich für seine Eltern in irgendeiner Weise verantwortlich – und verzichtet dafür auf eigenes Wohlbefinden. Diese Fixierung wird in der folgenden Übung deutlich.

Ich weise der Patientin einen Platz außerhalb unserer üblichen Sitzsituation zu. Dann soll sie sich das ganze Drama des Unglücks (zum Beispiel ihrer Eltern, für die sie sich verantwortlich fühlt) vergegenwärtigen. Dann »locke« ich sie: »Das hier ist ihr Leben...« – Kann sie die Insel des Elends verlassen, also z. B. die Personen, an die sie sich so gebunden fühlt? Im Anschluss – oder nach weiterer Therapiearbeit schlage ich eine kleine Rede an die Eltern vor: »Ich lasse euch in eurem Unglück zurück. Es tut mir leid für euch, dass es euch so schlecht geht. Nun will ich mein Leben leben und glücklich werden.«

Diese Übung ist besonders hilfreich, weil Ihnen und Ihrer Patientin deutlich werden kann, welche Widerstände ihr im Weg stehen, sich von altem Unglück zu lösen. Das kann ebenso Gewohnheit sein wie ein Versprechen an die Eltern: »Ich will nicht glücklicher/zufriedener sein, als ihr es je wart.« Es kann ebenso ein überzogenes Verantwortungsgefühl sein wie eine falsch verstandene Dankbarkeit. Diese Arbeit, mit Widerstand, Schuldgefühl, nicht akzeptierter Sehnsucht, Nichtwissen um das Recht auf ein eigenes Leben, hilft auch der Therapeutin zu einem besseren Verständnis.

Übung in neun Schritten: Den Dämonen Nahrung geben

Mit ganz mutigen und experimentierfreudigen Patienten können Sie auch die Übung *Den Dämonen Nahrung geben* praktizieren. Das ist eine kraftvolle Technik aus der buddhistischen Tradition. Es geht darum, den inneren Dämonen freundlich zu begegnen, statt sie zu bekämpfen, und sie sich zu Verbündeten zu machen. Unter Dämon wird in dieser Übung alles verstanden, was uns quält, uns Energie raubt und belastet. Und so geht es:

Zur Übung brauchen wir zwei Stühle. Immer, wenn der Dämon spricht, wechseln wir den Platz.

---

1. Schritt
Der Dämon wird definiert, genau benannt, also nicht nur »Schuldgefühl«, sondern »ein Schuldgefühl, weil ich damals ... habe«. Dann suchen wir eine Stelle in unserem Körper, wo wir dieses Gefühl wahrnehmen.

2. Schritt
Wir stellen uns dieses Körpergefühl als lebendiges Wesen vor. Wir geben ihm eine Gestalt (Farbe, Beschaffenheit, Größe, Temperatur etc.).

3. Schritt
Dieses Wesen befragen wir: »Was willst du von mir? Was ist dein Bedürfnis, wonach verlangst du wirklich? Wie würdest du dich fühlen, wenn du es bekämst?«

4. Schritt
Platz wechseln, zum Dämon werden. Die Fragen werden vom Dämon der Reihenfolge nach beantwortet.

5. Schritt
Platz wechseln. Der Dämon wird gefüttert. Wir stellen uns vor, eine Substanz zu produzieren, die genau dem entspricht, was der Dämon braucht. Diese Nahrung steht in unbegrenzter Menge zur Verfügung. Der Dämon wird damit gefüttert, bis er vollkommen satt und zufrieden

ist. In der Regel wandelt sich das Äußere des Dämons während der Fütterung. Er erscheint deutlich harmloser. Wir prüfen unser Gefühl: Ist es möglich, uns mit dieser veränderten Erscheinung zu verbünden?

6. Schritt
Wenn der Dämon wirklich satt ist und eine neue Gestalt hat, laden wir ihn ein, ein Verbündeter zu werden.

7. Schritt
Nun stellen wir andere Fragen: »Wie kannst du mir helfen? Kannst du mich beschützen oder unterstützen? Wo finde ich dich dann?«

8. Schritt
Platzwechsel. Wir beantworten die zuletzt gestellten Fragen in der Identifikation mit diesem neu entdeckten und veränderten *Ich*-Anteil.

9. Schritt
Wir nehmen diesen ehemals bedrohlichen, belastenden Anteil wieder in uns auf, genießen in Ruhe eine neu gewonnene Sicherheit.

Dämonen sind *Ich*-Anteile, Projektionen oder Abspaltungen, sie scheinen, ichdyston, wie sie sind, ein Eigenleben zu führen. In der soeben beschriebenen Technik werden sie personifiziert und dann dem Patienten zugänglich gemacht. Diese Beobachtung des Anteils, der mir in der Übung gegenübersitzt, verhilft schon zu einer Distanzierung, wie zu einem Objekt, zu dem ich eine Beziehung aufnehmen kann. Die Fragen in dem dritten Schritt machen das deutlich. Auf »Was willst du von mir« antwortet der Dämon mit allem, was er dem Patienten antut: »Ich will, dass du dich klein und unzulänglich fühlst. Ich will, dass du Angst hast.« Auf die Frage »Was brauchst du?« folgt meist eine eine Bitte um Aufmerksamkeit, Zuneigung etc. Und wenn der Dämon bekommt, was er braucht, kann er friedlich werden. Er kann sehr nützlich sein als Verbündeter, denn wie Sheldon Kopp gesagt hat: »Alles Böse ist potentielle Vitalität, du musst es nur umsetzen« (vgl. Gallen, 2010, S. 4).

Diese Übung eignet sich für Patientinnen und Patienten, die über ausreichend Introspektion verfügen. Es macht mir immer wieder Freude, mit ihnen zu arbeiten. Allerdings haben gerade sie auch oft eine stark rationalisierende Abwehrstruktur und damit einen erschwerten Zugang zu ihren Gefühlen und Hemmungen im Gefühlsausdruck. Als erstes empfehle ich bei dieser Übung, ein wenig belastendes, aber dauerhaftes Problem zu nehmen.

> So hatte Frau P. das Problem, dass sie sich regelmäßig darüber ärgerte, dass ihr zwölfjähriger Sohn (fast) niemals pünktlich zu einer verabredeten Zeit nach Hause kam. Ihre Rationalisierung war die Sorge um ihren Sohn – es passieren ja so viele schlimme Dinge in der Welt. In diesem scheinbar kleinen Problem lag viel Zündstoff: Sorge, Ärger, Existenzangst und Schuldgefühle. Wir begannen, um die Patientin mit der Übung vertraut zu machen, mit dem kleinsten Dämon, dem Ärger. Übrigens kamen die dahinterliegenden Konflikte dann ohne Dämonenfütterung ans Licht. Die Übung hatte ein Tor geöffnet.

Übung: Wege finden

Ein kleines Ein-Personen-Theater kann eine Hilfe bei schweren Entscheidungen sein. Zwar sagte der britische Schriftsteller Lewis Carroll (1832–1898): »Der Weg, den du einschlägst, hängt in erster Linie davon ab, wohin du gehen willst«. Das ist leicht: Wir wissen unser Ziel und finden die Wege, die uns dahin führen. Auch das kann schwierig ein, wenn es um große Pläne geht. Aber was hilft es uns das, wenn wir gar nicht wissen, wohin wir wollen. Folgendes Spiel hilft:

> Im Raum verteilt liegen Papierkreise auf dem Boden, auf denen jeweils ein mögliches Ziel steht. Auf einem der Papiere mag stehen: »Oder etwas ganz anderes!« Der Patient nimmt ein Ziel genau ins Auge (die anderen Blätter können derweil umgedreht werden) und macht sich auf den Weg, ganz langsam. Er richtet große Aufmerksamkeit darauf, was er an körperlichen Empfindungen und Gefühlen wahrnimmt: Zieht ihn das Ziel an – oder spürt er eine Enge im Hals? Vorfreude, Unsicherheit, Ängste? Nach jedem einzelnen Ziel braucht er eine Pause und Zeit für die Analyse dessen, was geschehen ist. Es empfiehlt sich, kein Ziel auszulassen, auch wenn die Entscheidung getroffen wurde, die übriggebliebenen dienen dann der Validierung.

Achtung: Die Analyse ist wirklich wichtig, besonders da, wo sich Wahrnehmungen und Gefühle widersprechen. Man kann auch Angst vor der richtigen Entscheidung haben, weil der innere Kritiker seine Meinung äußert, die da lautet: »Das schaffst du nicht.« Oft entstehen auch Ängste, wenn das erstrebte Ziel verlangt, die sogenannte Komfortzone zu verlassen.

4.8 Kartenspielen

Manchmal darf spielen einfach auch spielen sein. So habe ich eine Weile mit einer Patientin Karten gespielt.

> Frau R. besuchte regelmäßig ihre pflegebedürftige Mutter auf der Pflegestation. Die Mutter saß im Bett oder sah fern. Frau R. saß daneben, fühlte sich schuldig, weil sie sich langweilte, wagte aber nicht zu gehen, um ihre Mutter nicht schon wieder im Stich zu lassen. Sie machte sich starke Vorwürfe, weil sie ihre Mutter nicht mehr zu Hause pflegte. Wir suchten nach etwas, was sie mit der Mutter tun könne. Sie im Rollstuhl spazieren zu fahren, war für die Kommunikation nicht besonders hilfreich. So kamen wir auf das Kartenspielen, mit dem sich Mutter und der inzwischen verstorbene Vater viele Stunden unterhalten hatten. Die Patientin konnte tatsächlich kein einziges Kartenspiel. So erklärte ich ihr das einfachste Spiel, dass ich kenne, nämlich Mau-Mau.
> Nun spielte sie regelmäßig Mau-Mau mit ihrer Mutter, bis diese darum bat, doch auch einmal Rommé zu spielen. Das Spiel ließ sich die Patientin von einer Freundin zeigen. Und nach einer längeren Arbeit mit dem Theaterspiel *Den Platz des Unglücks verlassen* (▶ Kap. 4.7) konnte Frau R. sich weitgehend von ihren Schuldgefühlen verabschieden. Sie besuchte ihre Mutter wöchentlich im Heim zum Kartenspielen. Es machte beiden viel Spaß und nebenbei kam auch ein freundliches Gespräch zustande.

4.9 Die ganze Familie auf dem Tisch

Manchmal lasse ich mir ein Familienschema von der Patientin aufzeichnen, wenn wir uns mit einer komplizierten Familienstruktur auseinandersetzen müssen (Patchwork, mit im Haushalt lebende Menschen, die nicht zur

Kernfamilie gehören, enge Beziehungen zur Verwandtschaft etc.). Wenn diese Skizze auf einem großformatigen Papier gezeichnet ist, bekomme ich einen ersten Eindruck von familiären Zusammenhängen und der Position der Patientin innerhalb der Familie. Wichtig für dieses Schema sind oft auch Großeltern, Geschwister der Eltern und deren Kinder. Mit diesem statischen Bild aktiv zu arbeiten, ist natürlich schwierig, es gilt als Grundlage. Aktiver geht es mit Figuren. Ein Sceno-Kasten bietet nicht nur eine gute Basis für die Diagnostik, sondern auch ein wirksames Mittel, Prozesse in einem Patienten zu verstehen, der sich schwertut mit dem Verbalisieren, zum Beispiel von Beziehungsrealitäten.

Es muss nicht gleich ein Sceno-Kasten sein. Alternativ dazu können Sie sich auch die Spielfiguren Ihrer Kinder ausleihen, die Figuren Ihres Mensch-ärgere-dich-nicht-Spieles benutzen oder kleine Pappscheiben ausschneiden: rund für Frauen, eckig für Männer. Die Patientin schreibt dann auf jede Scheibe den Namen der Person, um die es gerade geht. So können wunderbar akute Konflikte, frühere Beziehungen oder andere Dynamiken dargestellt werden. Die Figuren dürfen auf dem Spielfeld hin- und hergeschoben werden, der Patient kann darstellen, wie er sich die Beziehungen wünscht.

5

In der Sprache des Körpers sprechen

Dass unser Körper auch spricht, also Gefühle ausdrückt, ist lange bekannt. Diese Verknüpfung beschreiben Freud und Breuer in ihren Studien über Hysterie (1895). Innere Konflikte und unbewusste Erregungen werden in körperliche Symptome umgewandelt. Das wird bei Freud und Breuer *Konversion* genannt. Freud versteht das körperliche Leiden als Symbolisierung des psychischen Konfliktes. Diese direkte Übersetzung trieb merkwürdige Blüten. Besonders tat sich Rüdiger Dahlke (*1951), ein esoterischer Humanmediziner hervor. Zusammen mit dem ebenso esoterischen Psychologen Thorwald Dethlefsen (1946–2010) veröffentlichte er 1983 das Buch *Krankheit als Weg*. Darin ordneten die Autoren sehr verallgemeinernd verschiedenen Krankheitsbildern psychische Ursachen zu, zum Beispiel sei das Asthma Ausdruck verdrängter Aggressionen. Diese Thesen führten zu so einfachen Handlungsanweisungen wie: Wenn deine rechte Schulter schmerzt, musst du etwas Altes loslassen. Dahlke sah auch einen Zusammenhang zwischen Krankheit und Schuld, jeder Mensch sei für seine Krankheiten im vollen Umfang selbstverantwortlich. Das führte zum Konzept der Krebspersönlichkeit, eine Idee, an dem sich die wissenschaftliche Forschung der Psychosomatik lange abgearbeitet hat. Bisher konnte kein klarer Zusammenhang zwischen Krebs und psychischen Dispositionen gefunden werden. Ich habe diesen Abschnitt nicht nur geschrieben, um eine exotische Variante der psychosomatischen Medizin vorzustellen. Zu groß ist die Anzahl der Patienten, die bei Erkrankungen Schuldgefühle entwickeln. Das starke, manchmal auch unbewusste Gefühl, an der Krankheit selbst schuld zu sein, ist sicher für keinen Heilungsprozess förderlich.

Zu einer ganz anderen Theorie über den Zusammenhang zwischen Psyche und Körper kam der Arzt und Psychotherapeut Wilhelm Reich (1897–1957). Er entwickelte aus der Psychoanalyse seine grundlegende These, dass es aufgrund äußerer Einflüsse (und verdrängter Triebe) zu einer Charakterpanzerung käme, die dem Körper in seiner Haltung, seinen Bewegungen und seinem Atemmuster anzusehen sei. Auf dieser Grundlage schuf sein Schüler Alexander Lowen die körperorientierte Bioenergetische Analyse. Er entwarf verschiedene Körperübungen, die den Muskelpanzer lockern, verdrängte Erinnerungen und damit verbundene Gefühle befreien sollten.

Die Bioenergetik erlebte ihre Hochzeiten in den 1970er bis 1990er Jahren, dann wurde Kritik laut, dass die teilweise recht heftigen Übungen eher einer Retraumatisierung gleichkämen als einem Schritt in einem Heilungsprozess. Und doch sollten wir nicht vergessen, dass der Mensch aus Körper, Geist und Psyche besteht. Wir können in unsere Empathie den Körper einbeziehen und damit menschliche Körper als ausdrucksstarke Subjekte, als geistige Wesen und nicht als bloße Objekte wahrnehmen. Der Blick auf den Körper schult unsere Fähigkeit, wahrzunehmen, was der andere erlebt oder tut. Der Körper zeigt uns, ob jemand traurig oder unsicher ist (vgl. Fernandez & Zahavi, 2020).

5.1 Erste Worte in der Sprache des Körpers

Wir wissen von Patienten mit schweren Problemen, dass bei ihnen oft das Gefühl für den eigenen Körper wenig ausgeprägt ist. Winzige kleine Übungen unterstützen gleichzeitig die Körperwahrnehmung und lenken von dem gerade inszenierten Drama ab. Fragen Sie doch einfach mal: »Ist Ihr linker kleiner Zeh warm oder kalt?« Abgesehen von dem Überraschungsmoment brauchen manche Menschen recht lange, sich auf diesen wichtigen kleinen Körperteil zu konzentrieren. Hilfreich ist ein kleiner Körperscan, den ich anbiete, bevor ich in der traumatherapeutischen Arbeit eine

Imaginationsübung durchführe. Der Körperscan gehört zu allen achtsamkeitsbasierten Verfahren.

Da ich eine Ausbildung in einem körpertherapeutischen Verfahren und jahrelang mit diesem Schwerpunkt gearbeitet habe, ist der Blick auf den körperlichen Ausdruck eines Patienten immer noch ein Teil meiner diagnostischen Routine. Als da sind: der nach vorn geneigte Gang, die hochgezogenen Schulter, die schützenden Hände vor der Brust, unruhige Fußbewegungen oder fest ineinander verschränkte Hände. Die einfachste Weise, damit umzugehen, ist es die Patientin zu fragen, was diese Haltung oder Geste sagen möchte. Der Körper spricht. Innere starke Gefühle oder schwere Schicksale bilden sich im Körper ab, um die Details kümmert sich die psychosomatische Forschung.

Es gibt ganz kleine Übungen, die Patienten den Zusammenhang fühlbar machen. Deutlich werden kann auch das Gegenteil: Nicht nur das Gefühl prägt den Körper, wir können auch mit Übungen und einer veränderter Körperhaltung Einfluss auf unser Gefühl nehmen, und zwar dauerhaft. Dies geschieht zum Beispiel, wenn wir konsequent auf eine aufrechte (aber nicht starre) Haltung achten, die eingangs in der nächsten Übung beschrieben ist.

Hier folgen ein paar Übungen, die dem Körper und der Seele guttun.

Übung: Das schwere und das leichte Herz

Ich bitte den Patienten, sich entspannt hinzustellen, in der Grundhaltung, wie sie in vielen Techniken (Yoga, Qi Gong, Tai Chi) gelehrt wird. Füße parallel, Körper aufgerichtet, Knie locker, Kinn leicht auf die Brust gesenkt, Schultern nach hinten/unten herabhängend. Dann arbeiten wir uns mit einer Situation, die eben in der Therapiesitzung erinnert wurde oder dort entstanden ist. Vorher haben wir in der Sitzung über die Metapher gesprochen, dass das Herz schwer sein kann.

1. Phase der Übung: Der Patient soll dieses Gefühl nun in einer Geste, einer Körperhaltung sichtbar machen und es deutlich spüren – sein Herz ist schwer. Dann bitte ich ihn, eine Position einzunehmen, die ausdrückt, dass sein Herz leicht ist. Gibt es eine Veränderung im Gefühl? Mit großer Sicherheit, man kann seinem Körper nur schwer einen Ausdruck von Freude geben und dabei traurig sein.
2. Phase: Nach einer Weile schlage ich vor, beide Positionen in langsamen Bewegungen ineinander übergehen zu lassen. Dabei ist darauf zu achten, wie in diesem Vorgang die beiden gegensätzlichen Gefühle wahrgenom-

men werden. Bei gesunden, gesundwerdenden oder normalneurotischen Menschen lässt sich das anfängliche Gefühl des schweren Herzens kaum wiederfinden.

Hinweis für Gruppentherapeutinnen: Diese Übung eignet sich besonders für Gruppen. Sie kann als Ritual den Abschluss einer Sitzung bilden. Dabei kann man die zweite Phase ausdehnen, und vielleicht wird sogar mit Musikuntermalung ein Tanz daraus.

Übung: Mit beiden Beinen fest auf der Erde stehen

Diese Haltung, das Grounding, ist eine Grundübung in allen Körpertechniken. Sie hilft dem Patienten, sich selbstbewusster und selbstwirksamer zu fühlen. Sie ist oben als Grundhaltung beschrieben. Eine Variante ist es, eine ähnliche Körperposition im Sitzen zu finden. Dies ist nötig, wenn wir in Gesprächen gegroundet sein wollen, die nicht im Stehen stattfinden. Es gilt das gleiche wie in der stehenden Position: Wirbelsäure aufrecht, Kopf nicht in den Nacken legen, sondern das Kinn einige Zentimeter sinken lassen. Mit beiden Füßen fest auf dem Boden stehen, Gewicht gleichmäßig auf die Sitzhöcker verteilen. Schultern leicht nach hinten locker hängen lassen.

Ist es schwer für die Patientin, in diese Übung hineinzufinden, kann folgende Übung vorgeschaltet werden. Der *Elefant streckt sich* (▶ Kap. 5.3) ist auch besonders schöne Übung für ängstliche Menschen mit hängenden Schultern, eine Übung, die auch einige Zeit der Psychoedukation in Anspruch nehmen kann. Wir können über die Zusammenhänge zwischen Haltung und Befindlichkeit sprechen, über den körperlichen Ausdruck von Gefühlen und davon, wie die Körperhaltung mit unserer Haltung zur Welt korrespondieren kann.

5.2 Die Seele über den Körper ausdrücken

Unsere Sprache hat viele Metaphern bei denen die Gefühle über Körperbewegungen und Gesten ausgedrückt werden. So ringen wir verzweifelt oder ratlos die Hände, schlagen sie über dem Kopf zusammen oder ballen sie zu Fäusten. Metaphern für Gefühle finden wir im Zusammenhang mit allen Körperteilen, von der Kopfhaut bis zu den Zehen. In der Körperpsychotherapie beachten wir nicht nur die Körperhaltung des Patienten, sondern auch Haltung und Bewegung der Hände wie die gesamte Gestik. Ich nehme mir Zeit für diese Beobachtungen. Vielleicht lässt sich eine Regelmäßigkeit erkennen? Dabei achte ich auf mein Gegenübertragungsgefühl. Ballt der Patient die Fäuste, weil er wütend oder weil er ängstlich ist? Tritt die gleiche Gestik immer dann auf, wenn er von einer bestimmten Person erzählt? Erst wenn ich ein sicheres Gefühl bzw. eine Hypothese habe, frage ich – möglichst neutral, etwa: »Ich habe gesehen, dass Sie gerade Ihre Finger gespreizt habe. Diese Geste habe ich schon öfter beobachtet. Hat sie irgendeine Bedeutung?«

Übung: Sprechende Hände

Oft sind diese Gesten der Patientin unbewusst. Dann bitte ich sie: »Machen Sie es noch einmal – und verstärkten Sie diese Haltung. Nehmen Sie sich viel Zeit.« Ich bitte dann darum, in dieser Haltung eine Weile zu bleiben und dabei wahrzunehmen, was im Körper und im Gefühl geschieht. Das führt oft zu interessanten Ergebnissen, weil mit der Gestik verschiedene Impulse und/oder Erinnerungen verknüpft sein können. Zu den gespreizten Fingern fiel zum Beispiel einer Patientin ein, dass sie diese früher oft vor ihr Gesicht gehalten habe, wenn sie einen spannenden Film gesehen hatte, von dem sie aber nichts verpassen wollte. Es war eine Gestik der Angstlust, wie wir sie von vielen Kindern kennen. Gleichzeitig dachte die Frau daran, dass sie diese Gebärde auch benutzt hatte, wenn sie Angst vor ihrem cholerischen Vater hatte – und eigentlich lieber weggelaufen wäre. Dabei hatte sie allerdings die Handflächen abwehrend nach außen gekehrt, also zu ihrem Vater. Meine Vermutung, da könne sich auch ein aggressiver Impuls verbergen, wollte sie nicht bestätigen.

5.3 Kleine und größere Entspannungen

Übung: Körperschütteln oder dǒ udóng

Die folgende Körperübung ist aus dem *Hui Chun Gong*. Das bedeutet *Die Rückkehr zum Frühling* oder auch *Die Rückkehr des ewigen Frühlings*, unterschiedliche Namen, wohl weil das Chinesische so schwer zu übersetzen ist. Besonders geeignet für angespannte, gestresste Menschen, gerade für Psychotherapeuten und Psychotherapeutinnen. In nur wenigen Minuten tritt Entspannung, vertiefte Atmung und auch Freude ein.

Diese Übung soll Blockaden lösen, Zellen aktiveren und gut für die Nieren sein. Sie schenkt strahlendes, frisches Aussehen (ohne Garantie):

Sie stehen einfach in der oben beschriebenen Grundhaltung. Die Füße stehen in schulterbreitem Abstand. Führen Sie eine Schüttelbewegung aus, die in den Knien beginnt. Sie können variieren zwischen leichtem und starkem Schütteln. Die Arme schwingen von allein mit.

Eine besonders schöne Übung für ängstliche Menschen mit hängenden Schultern ist auch die folgende Übung *Ein Elefant streckt sich*.

Übung: Ein Elefant streckt sich

Anleitung: Dier Patient steht in der Grundhaltung. Dann: Kopf senken, dann Wirbel für Wirbel den Rücken beugen, bis die Fingerspitzen den Boden erreichen – die Knie sind dabei locker. Der Kopf und die Arme hängen herunter, ganz entspannt. Sie können auch leicht hin- und herschaukeln, wie der Rüssel eines Elefanten. Dann sich in der gleichen Weise wieder aufrichten. Dabei immer darauf achten, dass Kopf und Arme locker bleiben – das ist gar nicht so leicht. Zum Schluss den Kopf aufrichten. Die Schultern fallen von selbst nach unten und leicht nach hinten in ihre natürliche Position, wenn die Arme locker geblieben sind. Voilà – Das ist der aufrechte, gut ausgewogene, sichere Stand.

Übung: Bitte Platz zu nehmen – auf der Ottomane

Die folgende Übung benutze ich vor einer Imagination oder einer gezielten Arbeit mit inneren Bildern im Sinne des *Katathymen Bildererlebens* (▶ Kap. 7.3). Für die meisten Patienten ist es im Liegen leichter, sich innere Bilder vorzustellen. Manchen ist diese Haltung in der Praxis allerdings zu fremd, so kann ich sie nur bitten, sich möglichst bequem hinzusetzen.

In der Psychoanalyse gehört das Liegen zum üblichen Setting; modifizierte Analysen finden auch im Sitzen statt. Aber auch in anderen Richtlinientherapien kann es manchmal sinnvoll sein, die Patienten zu bitten, sich hinzulegen (vgl. Prünte, 2017, S. 132ff.). Das ist in erster Linie für Imaginationsübungen hilfreich, aber auch bei stark angespannten und kontrollierten Patienten. Das Liegen kann die Körperselbstwahrnehmung erleichtern, bietet Distanz zum Alltag – und unterstützt die allgemeine Selbstwahrnehmung von Empfindungen und Gefühlen. Damit verstärkt das

Liegen die Wirksamkeit von Imaginationsübungen. Für das *Katathyme Bildererleben* ist es obligatorisch. Ich bin vorsichtig bei sehr bedürftigen, zur Regression bereiten Patienten mit der Empfehlung, in die liegende Position zu kommen.

Folgende Entspannungsübung – gut als Vorbereitung zur Imagination – können Sie gern im Sitzen und im Liegen selbst ausprobieren.

Übung: Entspannt am Strand liegen

Unter großer Entspannung verstehe ich zum Beispiel die Savasana-Übung aus dem Hatha-Yoga: flach auf dem Rücken liegen, Hände seitlich vom Körper, Handflächen zeigen nach oben, Füße fallen nach außen. Normalerweise wird diese Übung am Ende einer Yogastunde angewendet, sie ist aber auch eine Alternative zur folgenden Übung *Entspannt am Strand liegen*

> Anleitung:
> »Stellen Sie sich vor, Sie liegen an Ihrem Lieblingsstrand. Die Sonne scheint, es geht ein leichter Wind. Ihr Kopf liegt ein wenig höher als der Körper und ist durch eine Palme oder einen Sonnenschirm geschützt. Beobachten Sie anstrengungslos Ihren Atem, wie er in den Körper hineinfließt und ihn wieder verlässt. Sie atmen langsam und ruhig, fast im Rhythmus der Wellen. Sie atmen die salzige Luft des Meeres ein. Mit jedem Atemzug, der den Körper verlässt, atmen Sie auch Sorgen und Anspannungen aus. Es wird ruhig und friedlich in Ihnen.«

Bisher ist nur einmal eine Patientin bei dieser Übung eingeschlafen. Das war ihr hinterher ein wenig peinlich. Ich habe sie beruhigt, ihre Müdigkeit mit tiefer Erschöpfung erklärt und ihr Einschlafen mit großem Vertrauen. Die meisten Patienten erreichen mit dieser Übung eine tiefe Entspannung. Das ist gut so. Innere Bilder kommen oft, fast wie ein Traum, aus den Tiefen des Unbewussten. Und sie kommen nicht im aufgeregten, von starken Gefühlen geprägten Zustand.

So ist diese Übung auch geeignet für Menschen mit Einschlafschwierigkeiten. Natürlich tauchen immer wieder die Gedanken auf, die das Entspannen verhindern. Dann ist es wichtig, nicht ungeduldig oder ärgerlich zu werden. Es handelt sich schließlich nicht um ein Versagen, sondern verdeutlicht, wie unser Gehirn funktioniert: Immerzu will es etwas denken. Ich bitte meine Patienten dann, sich den Fluss der Gedanken vorzustellen wie die Kolonnen der Autos auf der Autobahn: einfach fahren lassen, und nicht einsteigen, wenn eines anhält, sondern sich dann sagen: Ich liege ja am Strand – und atme.

5.4 Bauchgefühle

Es gibt noch eine andere Funktion des Körpers, in denen Gefühle deutlich werden. Wir nennen es Intuition, manche Menschen sprechen auch von *Bauchgefühlen*. Einige verwechseln den Begriff der Intuition mit *Gefühl* überhaupt und insistieren, sie wollen ihrem Gefühl glauben (und folgen) dürfen. Natürlich sind Gefühle nicht zensierbar und wollen und sollen respektiert werden. Das heißt aber nicht, dass sie immer gute Berater sind. Hier ein einleuchtendes Beispiel. X. hat Angst vor dem Zahnarzt. Sein Gefühl (Angst) sagt ihm, eine Behandlung wäre gewiss schmerzhaft. Es reiche sicher, eine Tablette zu nehmen, vielleicht ginge der Schmerz ja auch nach einer Weile von selbst weg. Natürlich ist das eine sehr einfache Geschichte. Ähnlich lassen wir uns auch von komplexeren Gefühlen zu Fehlentscheidungen verleiten: Wir können eine Stelle nicht annehmen, uns ausnutzen lassen, unseren Kindern keine Grenzen anbieten, jemanden unhöflich behandeln usw., weil ein Gefühl uns leitet.

In allen aufgezählten Beispielen wären wir wahrscheinlich zu einer anderen Entscheidung gekommen, wenn wir einen Zugang zu unserer Intuition gehabt hätten, dem Bauchgefühl. Immer wieder berichten Wissenschaftler von einer Art zweitem Gehirn im Bauch. Die Wissenschaftsjournalistin Hania Luczak (2000) fasst die Forschungsergebnisse bis 2000 in einem Artikel der Zeitschrift GEO wie folgt zusammen. Nach dem amerikanische Neurowissenschaftler Michael Gershon (*1938) liegt das Zentrum der Gefühle im Bauch. Dieser Vorstellung mag dadurch verstärkt werden, dass wir beim Beschreiben von Gefühlen immer wieder Beziehungen zu Körperteilen herstellen. Der Nervenarzt Leopold Auerbach (1828–1897) beschrieb schon in der Mitte des 19. Jahrhunderts das erstaunlich dichte Nervengeflecht des Magen-Darm-Systems. Dieses enthält außerdem, so neuere Forschungen, eine breite Auswahl an Neurotransmittern; außerdem gibt es ein umfangreiches Nervenfasersystem, das beide Körperregionen miteinander verbindet. Bei starkem oder sogar chronischem Stress wird die Verbindung zwischen Gehirn und Bauch deutlich. Allerdings habe ich über unser *Bauchhirn* bisher bei unseren bekannten Hirnforschern, auch Psychoneurologen, kein Wort gefunden.

Ohne sie im Körper anzusiedeln, hat sich C. G. Jung mit dem Begriff der Intuition beschäftigt. Er hält sie neben Denken, Fühlen und Empfinden für eine Grundfunktion (vgl. Jung, 2013, S. 56ff.) und beschreibt sie als eine Art instinktiven Erfassens. Dabei werden subjektive Befindlichkeiten ebenso wahrgenommen wie objektive Tatbestände und miteinander verknüpft. In der Intuition können sich Fühlen und Denken als rationale Funktionen entwickeln und »somit auch […] mit den Vernunftgesetzen in Einklang gebracht werden« (ebd., S. 56).

Wie aber erhalten wir Zugang zu unserer Intuition, die ein klügerer Berater sein kann als das, was wir unser Gefühl nennen? In meinem Buch Den Inneren Kritiker zähmen habe ich mich ausführlich mit der Gestalt des guten Objekts beschäftigt. Dieser *Ich*-Anteil symbolisiert in der Regel die frühe, gute Mutter. Manchmal hält das Objekt nicht, was es verspricht. In der Therapie, besonders mit traumatisierten Menschen, ist es ein Ziel, ein solches Objekt als *Ich*-Anteil zu etablieren und im Alltag nützlich zu machen. Das gute Objekt ist ein Ratgeber und Entscheidungshelfer. Er darf erfunden sein. Dieser Ratgeber ist, nach einiger Übung, durchaus ein Zugang zur Intuition, da seine Interventionen zum Teil – wie ein Traum – aus dem Unbewussten kommen. So ist die Intuition ein Teil der Entwicklung von Kreativität innerhalb der Individuation.

Übung: Der erste Kontakt mit der inneren Weisheit

Die Gestalt des inneren Ratgebers (oder auch eines imaginierten guten Objekts) darf frei erfunden werden, sie kann aus Legenden, Mythen oder Sagen stammen. Sie sollte auf keinen Fall real sein. Die Identifikation mit einer realen Person enthält u. a. die Gefahr, sie nicht mit der eigenen Person wirklich verbinden zu können und außerdem könnte die Patientin Anteile dieser Person entdecken, die sie nicht integrieren kann. Die erfundene Gestalt ist eine Stellvertreterin für eigene Weisheit oder eben Intuition. Der Kontakt beginnt damit, die Gestalt zu begrüßen, etwa: »Willkommen in meinem Leben!« Dann kann die Patientin Wünsche formulieren, die sie an diesen neuen Teil ihrer Person hat. Sie nimmt den Kontakt damit auf, in einfachen Dingen um Rat zu fragen. Und sie überprüft die Antworten mit ihrem Gefühl und ihrer Rationalität. Alle Antworten, die die Patientin erhält, kommen aus ihr selbst. Und jede von ihr akzeptierbare Antwort bringt sie sich selbst näher.

5.5 Der Körper spricht – und hört

Die Sprache des Körpers ist keine Einbahnstraße. Er sendet Signale aus – und reagiert auf Signale, die er empfängt. Von solchen Signalen können unterschiedliche Wirkungen ausgehen. Viele Patienten haben (auch) negative Körpererfahrungen gemacht. In der Therapie kann über körperliche Berührung ein Beruhigungs- und Heilungsprozess initiiert und unterstützt werden. Selten benutzen wir diesen Weg. Interessanterweise ist das eine gegenläufige Entwicklung zu den Berührungs- und Umarmungssitten in der Gesellschaft, wo bei fast jeder Begrüßung Umarmungen zelebriert werden. Mit der Unmöglichkeit der Berührung in der Psychotherapie verzichten wir auf eine der drei ursprünglichen Möglichkeiten, mit anderen Menschen in Kontakt zu treten. Diese sind die Stimme, die Berührung und der Blick. Genau dadurch wächst der Kontakt des Kindes zur Welt. Dadurch fühlt es sich wahrgenommen und realisiert sich als eigene Person. Ich bedauere diesen Verzicht und freue mich über Patientinnen, die fragen: »Können Sie mich einmal in den Arm nehmen?« Manchmal folgt dieser Bitte auch der Satz: »Das dürfen Sie sicher nicht.« – Wieso sollte ich das eigentlich nicht dürfen? Freundliche, mütterliche oder stützende Berührungen können sowohl die Arbeitsbeziehungen als auch das Vertrauen in den therapeutischen Prozess stärken – und auch die Empathie des Therapeuten.

Der Psychoanalytiker Günter Heisterkamp (*1937) schreibt dazu:

> »Es entspricht den neueren Erkenntnissen der Entwicklungspsychologie, daß leibliche oder leibnahe Berührungen (z. B. durch ausdrücklichen Augenkontakt) den Psychotherapeuten befähigen, in der Gegenübertragung sensibler und differenzierter mitzuschwingen. Psychotherapeuten könnten die vielen organismischen Kommunikationsmöglichkeiten, die gesunden Eltern wie selbstverständlich verfügbar sind, nutzbringender, als sie ahnen, in die Psychotherapie einbringen.« (Heisterkamp 1993, S. 77)

Körperliche Berührung

Ich hatte einige Jahre das Glück, in einer Supervisionsgruppe bei Günter Heisterkamp zu sein. Heisterkamp, Psychoanalytiker und Körpertherapeut, hat es meisterhaft verstanden, beide Ausrichtungen sowohl theoretisch als auch praktisch zu verbinden (siehe Heisterkamp, 1993). Körperliche Berührungen sind in den letzten Jahren viel seltener geworden. Manchmal fragen Patienten: »Darf ich Sie einmal in den Arm nehmen?« Dann ist das

5.5 Der Körper spricht – und hört

kein Problem für mich. Eine konkrete Antwort auf die Klage fehlender Berührungen in der Kindheit ist das Angebot des Therapeuten, den Patienten zu berühren, seine Hand zu halten oder auch seine Füße. Solche Angebote überraschen und verwirren die meisten Patienten. Berührungen sind nur noch beim Arzt selbstverständlich, Psychotherapie wird mehr und mehr wieder zur reinen talking cure – und verliert meiner Meinung nach mit der Leibbezogenheit einen hilfreichen Aspekt. Die Bezogenheit auf den Körper kann sich schon dadurch äußern, dass Haltung, Gestik und Stimme einbezogen werden.

Trotzdem ist das Angebot einer körperlichen Berührung sinnvoll. Die Reaktion des Patienten verdient Beachtung. Was hat ihn erschreckt? Wieso kann er sich nicht vorstellen, dass der Therapeut ihn berührt? Werden negative Erfahrungen aktiviert oder erleben wir einen Teil der Abwehrstruktur?

Eine Variante ist es, gleich im Verbalen zu bleiben: »Wie wäre es, wenn ich Ihre Hand halten würde?« Dabei muss die Berührung nicht zustande kommen. Wichtig sind die Gefühle der Patientin bei der *Vorstellung* einer Berührung. Angst? Sehnsucht? Ärger? Material liefern sowohl Annahme als auch Ablehnung des Vorschlags. Sagt die Patientin eindeutig »Ja«, nehme ich eine Weile schweigend ihre Hand und frage dann, wie es ihr damit geht.

Übung: Kleine Gesten

Natürlich geht jeder Berührung ein Gespräch voraus, eine Erlaubnis des Patienten. Es gibt kleine Berührungen, die Zuwendung ausdrücken, ohne der Patientin zu nahe zu kommen. Dazu gehören zum Beispiel die flache Hand im Rücken (Unterstützung, Schutz), die Hand auf der Schulter oder dem Unterarm (Ermutigung, Signal von Aufmerksamkeit) oder das sanfte Berühren der Wange mit der Rückseite der Finger. Alles andere ergibt sich aus dem therapeutischen Prozess und der Bereitschaft der Kolleginnen und Kollegen, sich auf diesen Aspekt einzulassen. Nur wenn die Berührung gleichzeitig professionell-distanziert und authentische Zuwendung ist, kann sie ihre Wirkung entfalten, leicht und ein wenig spielerisch.

Übung: Berühren ohne anzufassen

Heisterkamp beschreibt den Augenkontakt als leibnahe Berührung. Diese Art von Berührung ist auch verbal ausführbar. Wir können den Patienten fragen, wie es für ihn wäre, von der Therapeutin berührt zu werden. Jede

Zusage und auch jede Ablehnung führen in der Arbeit weiter. Zur leibnahen Berührung gehören auch die entsprechende Begrüßung und Verabschiedung des Patienten, notfalls ohne den üblichen Händedruck: zugewandte Haltung, offener Blick, leichte Verbeugung oder die Wiederholung der Geste, die der Patient anbietet.

In den Zeiten vor Corona hatte ich es mir angewöhnt, Patienten mit einem Händedruck zu begrüßen und zu verabschieden. Manche nahm ich auch in den Arm – irgendwie hatte sich das in langen Arbeitsbeziehungen etabliert. Als das nicht mehr möglich war, versuchte ich trotzdem immer noch eine leibnahe Begrüßung. Dazu gehört es, der ankommenden Patientin – im entsprechenden Abstand – mit dem ganzen Körper zugewandt zu sein. Es entwickelte sich ein erstaunliches Repertoire an Begrüßungsgesten, von einer leichten Verbeugung zu einem ernsthaften indischen Namaste und verschiedene spielerische Gesten, bis hin zum Star-Trek-Gruß »Live long and prosper« mit dem entsprechenden Handzeichen der Vulkanier (▶ Abb. 5.1). Nebenbei habe ich dann herausgefunden, dass die Geste der Vulkanier eine Geschichte hat:

Vollführt man sie mit beiden Händen und legt dabei Zeigefinger und Daumen der rechten und der linken Hand aneinander, erhält man eine jüdische Segnungsgeste.

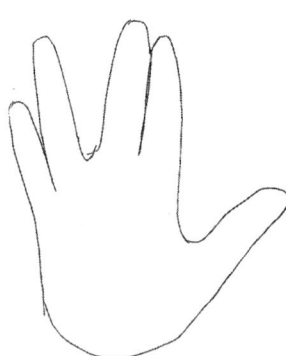

Abb. 5.1: Star-Trek-Geste

6

Komm, ich erzähl dir eine Geschichte

»Kinder brauchen Geschichten zum Einschlafen –
Erwachsene, damit sie aufwachen.«
Jorge Bucay

Das ist ein Zitat aus dem Buch »Komm, ich erzähl dir eine Geschichte« von Jorge Bucay (*1949), einem argentinischen Arzt und Gestalttherapeuten. Er beschreibt darin einen Therapieprozess, der im Wesentlichen aus dem Erzählen von Geschichten zu bestehen scheint. Er findet oder erfindet zu jeder schwierigen Situation in der Therapie, zu jeder Hürde, die sein Patient nehmen muss, eine Geschichte. Bucay lässt seinen Patienten Demian seine durch Geschichten gestützte Psychotherapie selbst erzählen. Das Buch ist, wie alle seine Bücher, wunderbar unterhaltsam zu lesen und es sprüht vor Fantasie und Humor. Deshalb ist es auch geeignet, Patienten empfohlen zu werden.

6.1 Geschichten in der Psychotherapie

Ich erzähle manchmal Geschichten, wenn ich eine Situation deutlich machen möchte. Geschichten statt direkter Interpretation der Situation oder gar des Charakters des Patienten zu erzählen, hat drei Vorteile: Der Patient kann die Erkenntnis selbst gewinnen, die für ihn in der Geschichte verborgen liegt. Er fühlt sich nicht durchschaut oder gar beschämt. Sollte meine Idee, genau *diese* Geschichte zu erzählen, falsch sein, fühle ich mich nicht beschämt. Das muss mich nicht daran hindern, mit dem Patienten meine ursprüngliche Idee zu erörtern – vielleicht war doch etwas dran. Dass ich die Möglichkeit eines Irrtums schon eingeräumt habe, stärkt unsere Arbeitsbeziehung.

Im Folgenden erzähle ich Ihnen, liebe Kolleginnen und Kollegen, einfach meine Lieblingsgeschichten und gebe Ihnen Hinweise auf die Situationen, in denen ich sie anwende. (Leider kann ich nicht von allen Geschichten die Quelle angeben. Manche Geschichten sind mir spontan in therapeutischen Situationen eingefallen.)

Liebende Güte

Vorbemerkung: Liebende Güte, in der indischen Sprache Pali *Mettā* genannt, entspricht etwa unserem Mitgefühl, dem Wunsch, dass alle Wesen glücklich sein mögen.

> »Eine junge Schülerin machte sich zur Aufgabe, die Meditation der Herzensgüte zu erlernen. Sie saß in ihrem kleinen Zimmer und füllte ihr Herz mit liebender Güte für alle Wesen, aber jeden Tag, wenn sie im Basar ihr Essen holen wollte, wurde ihre Herzensgüte von einem der Ladeninhaber schwer geprüft, der sie täglich mit unwillkommenen Liebkosungen überschüttete. Eines Tages konnte sie es nicht länger ertragen und scheuchte den Ladeninhaber mit ihrem erhobenen Schirm die Straße hinunter. Zu ihrer größten Verlegenheit kam sie an ihrem Lehrer vorbei, der am Straßenrand stand und das Spektakel beobachtete. Zutiefst beschämt blieb sie vor ihm stehen und erwartete, daß er sie wegen ihres Zorns tadeln würde.
> ›Was du tun sollst‹, riet ihr der Lehrer freundlich, ›fülle dein Herz mit liebender Güte, und schlage, mit so viel Achtsamkeit, als du aufbringen kannst, diesem unverschämten Kerl deinen Schirm auf den Kopf‹.« (Kornfield & Feldman, 1998, S. 82f.)

Diese Geschichte erzähle ich Patienten manchmal, wenn sie unter Impulsdurchbrüchen leiden oder sich für aggressive Impulse schämen. Ich erkläre dann – und diese Erklärung muss oft erfolgen – dass natürlich auch Erwachsene Gefühle haben. Gefühle möchten gefühlt und ausgedrückt werden. Bei Kindern geschieht das oft ganzkörperlich: Sie springen vor Freude, werfen sich vor Wut und/oder Enttäuschung auf den Boden. Ein erwachsenes Gefühl will auch erkannt, benannt und ausgedrückt werden, angemessen ausgedrückt eben, klar und überlegt. Der starke Impuls gehört oft nicht in die Situation, er wird aus einer anderen Quelle gespeist, die wir anschließend in Ruhe erforschen.

Achtsamkeit: Wenn ich esse und lese, dann esse und lese ich

Ein Schüler fragte seinen Meister, wie er erleuchtet werden könne. Der Meister antwortete: »Das ist ganz einfach: Wenn du gehst, dann gehst du, wenn du isst, dann isst du, und wenn du das Geschirr abwäschst, dann wäscht du eben das Geschirr ab.« Der Schüler war gekränkt: »Aber das tu ich doch!« – »Nein«, antwortete der Meister, »Wenn du spazieren gehst, denkst du an deine Pläne, wenn du isst, wiederholst du deine Lehrsätze, wenn du abwäschst, denkst du an den Spaziergang.« Der Schüler ging belehrt von dannen und übte sich in Achtsamkeit.

Soweit kennen wir die Geschichte. Aber sie geht noch weiter: Eines Tages kommt der Schüler in den Speisesaal und sieht seinen Lehrer am Tisch sitzen. Und er isst und liest dabei ein Buch! Empört spricht der Schüler ihn an: »Meister, du hast doch zu mir gesagt ›Wenn du isst, dann isst du, ...‹« und er wiederholt wörtlich die Lehre des Meisters. Der lächelt. »Ja, du hast recht! Ich vergaß, dir zu sagen: Wenn ich esse und lese, dann esse und lese ich.«

Dies ist eine Geschichte gegen Zwanghaftigkeit und rigide Ich-Anforderungen. Manchmal sagen mir Patienten: »Aber Sie haben doch gesagt...« Ich bin dann erstaunt – auch nach dreißig Jahren Arbeit in diesem Feld – an was Patienten sich erinnern und welche Bedeutung meine Worte für sie haben. An einiges, was ich gesagt haben soll, kann ich mich nicht genau erinnern, an manches auch gar nicht. Manchmal war die Situation auch ganz anders, so dass das damals Gesagte heute nicht mehr passen würde.

Und Du trägst sie immer noch...

Die folgende Geschichte eignet sich für Patienten, die sehr an ihren schmerzhaften Erlebnissen hängen, sich gar nicht lösen mögen. Sie kann hilfreich sein, Fixierungen aufzuweichen, besonders die Fixierung auf das Opfersein oder auf die Fehler, die andere Menschen begangen haben.

Oben schon erwähnter Meister geht mit seinem Schüler einen Fluss entlang. Sie diskutieren, schweigen, meditieren. Dann kommen sie an eine Furt, an der sie den Fluss durchqueren wollen. Nach den starken Regenfällen der letzten Stunden ist der Fluss geschwollen und die Furt nicht so seicht wie sonst. Am Ufer steht eine junge Frau, die den Fluss überqueren möchte. Das schnell fließende Wasser macht ihr Angst und sie jammert. Sie sei bei einem Arzt gewesen, nun müsse sie zu ihren Kindern zurück, aber sie traue sich nicht über den Fluss. Da nimmt der ältere Mönch sie auf den Arm und trägt sie hinüber. Die beiden Männer wandern weiter. Der jüngere wird immer schweigsamer und schließlich sagt er: »Meister, das war nicht richtig, was du getan hast. Wir leben im Zölibat und dürfen keine Frau berühren.« Der Meister lächelt: »Ja, ich habe sie über den Fluss getragen. Und du trägst sie immer noch« (Eine Geschichte aus dem Zen-Buddhismus).

Nasrudin sucht seinen Schlüssel

Folgende Geschichte kommt auch in Freuds *Der Witz und seine Beziehung zum Unbewussten in ähnlicher Form* vor. In meinem Beispiel ist Nasrudin der Protagonist. Nasrudin oder Nasreddin ist der Held vieler humorvoller Lehrgeschichten. Vielleicht gab es ihn gar nicht, aber wenn, soll er im 13. oder 14. Jahrhundert in der östlichen Türkei gelebt haben. Er ist der prominenteste Protagonist humoristischer prosaischer Geschichten im gesamten türkisch-islamisch beeinflussten Raum.

Ein Freund sieht Mulla Nasrudin auf allen Vieren unter der Laterne und fragt ihn: »Was machst du da?« – »Ich suche meinen Schlüssel«. – »Bist du sicher, dass du ihn dort verloren hast?« fragt der Freund, nachdem sie eine Weile gemeinsam gesucht haben. »Nein«, antwortet Nasrudin. »Verloren habe ich ihn im Haus, aber hier ist es heller« (Kornfield & Feldman, 1998, S. 36).

Das kommt sicher (fast) allen Menschen irgendwie bekannt vor, die jemals nach den Ursachen ihrer Befindlichkeiten, Neurosen und Probleme gesucht haben und die Quellen lieber bei den anderen finden wollten als im eigenen Haus.

Zwei Wölfe

Häuptling Großer Bär spielt mit seinem Enkel im Sand. Sie bauen Festungen, graben kleine Flüsse und lachen miteinander. Da kommt ein junger Indianer und flüstert dem Alten etwas ins Ohr. Der springt auf, läuft rot an und beginnt zu schreien: »Wie oft habe ich euch schon gesagt...! Seid ihr denn alle nicht bei Sinnen?« Der Enkel ist erschrocken. Als der andere Mann gegangen ist, sagt er vorsichtig zu seinem Großvater: »Da ist etwas, was ich nicht verstehe.« – »Was denn?«, fragt Häuptling Großer Bär. Der Kleine nimmt all seinen Mut zusammen: »Vorhin hast du mit mir gespielt und gelacht, du warst so lieb. Und dann kam der Mann und du wurdest ganz wütend und böse. Wieso?« Der Großvater denkt nach und antwortet: »Weißt du, ich glaube, da wohnen zwei Wölfe in mir. Der eine ist sanft, spielt gern und freut sich des Lebens. Der andere ist grimmig und möchte am liebsten zubeißen. Und die beiden kämpfen gegeneinander.«

Das Kind hat ruhig gelauscht und fragt nun: »Und wer gewinnt?« »Der, den ich füttere«, antwortet Häuptling Großer Bär.

Diese Geschichte ist eine anschauliche Darstellung für die zwei Seelen, die Goethe in Fausts Brust wohnen lässt. Sie macht die Ambivalenzen klar, die jeden von uns beschäftigen und manchmal quälen. Gleichzeitig bietet sie auch eine Lösung an: Wir können entscheiden, welchen Wolf wir füttern wollen.

Oft haben wir gelernt, den *bösen* Wolf zu füttern, weil es nötig war zum Überleben, weil wir uns verteidigen wollten/mussten, so zum Beispiel in der Identifikation mit dem Aggressor. Aber das ist vielleicht nicht mehr nötig, wir müssen es nicht mehr tragen, wie die oben aufgeführte Geschichte *Du trägst sie immer noch* zeigt. Eine neue Entscheidung kann gefällt werden.

Auch in der folgenden Geschichte geht es darum, die Gültigkeiten alter Entscheidungen zu überprüfen und diese Entscheidungen möglicherweise zu revidieren.

Der angekettete Elefant

Ein kleiner Junge war sehr vom Zirkus fasziniert, besonders von dem Elefanten. Nach der Vorstellung wurde der Elefant an einen kleinen Holzpflock angekettet. Der Junge wunderte sich, warum dieses riesige starke Tier sich nicht befreien und fliehen kann. Als Erwachsener fand er die Antwort: Der Elefant flieht nicht, weil er schon seit seiner frühesten Kindheit an einen solchen Pflock gekettet ist. Als junger Elefant hat er wohl wieder und wieder probiert, den Pflock aus dem Boden zu ziehen. Bis das Tier eines Tages, eines für seine Zukunft verhängnisvollen Tages, seine Ohnmacht akzeptiert und sich in sein Schicksal gefügt hatte.

Dieser riesige, mächtige Elefant flieht nicht, weil der Ärmste glaubt, dass er es nicht kann. Allzu tief hat sich die Erinnerung daran, wie ohnmächtig er sich als junger Elefant gefühlt hat, in sein Gedächtnis eingebrannt. Und das Schlimme dabei ist, dass er diese Erinnerung nie wieder ernsthaft hinterfragt hat. Nie wieder hat er versucht, seine Kraft auf die Probe zu stellen (nach Bucay, 2009 S. 7ff.).

Hier geht es um die Suche nach inneren Kräften, neuen Lösungsstrategien, kurz: um die Aufdeckung von Ressourcen. Jeder Mensch, frühgestört, süchtig oder traumatisiert, hat überlebt. Der Wille zur Gesundung, zum Wachsen und zur Selbstwerdung hat ihn bis in die Therapie gebracht. Ich staune manchmal, was Menschen alles überlebt haben. Immer gab es eine innere Kraft, so etwas wie einen heilen Kern, den Rest eines funktionierenden Ich. Manchmal ist die Verbindung zur eigenen Kraft verlorengegangen. Warum das sein kann, zeigt das Bild von dem kleinen Elefanten. Wenn wir aber erwachsen sind, können wir noch einmal an dem Pflock ziehen. Vielleicht lässt er sich nicht mit dem ersten Ruck herausziehen, vielleicht nur mit vielen kleinen Anstrengungen und mit Hilfe. Ziehen wir also gemeinsam mit unseren Patientinnen am Strang.

Weitere therapeutische Geschichten finden Sie im Anhang – und dazu eine Reihe kluger Sprüche.

6.2 Geschichten aus dem echten Leben

Natürlich ist es auch möglich, Geschichten aus dem echten Leben zu erzählen. Ein Teil der Lebensgeschichte des Patienten sind Schlüsselgeschichten, die sich in realen gegenwärtigen Begebenheiten und Problemen spiegeln (hier setzt die *Schematherapie* an; ▶ Kap. 4.5). Schmerzliche Situationen aus der Vergangenheit wie eine Geschichte zu erzählen, hat zwei Vorteile: Zu Beginn der Arbeit dient die distanzierte Erzählweise oft der Gefühlsabwehr, später kann sie einen Reifungsprozess der Patientin darstellen.

Dankbarkeitsgeschichten

Einige Formen des Geschichtenerzählens habe ich im Kapitel *Seele auf Papier* (▶ Kap. 8) beschrieben. Mir liegt besonders das Dankbarkeitstagebuch am Herzen. Jede Geschichte, in der etwas Unterstützendes, Hilfreiches geschehen ist, muss erzählt werden, oft mehrmals. Ich frage häufiger nach solchen Geschichten und habe schon von vielen Patienten gehört, in ihrem Leben habe sich nichts Gutes ereignet. Allerdings bin ich hartnäckig und

6.2 Geschichten aus dem echten Leben

frage in Abständen immer mal wieder nach. So erging es mir mit Frau K., von der ich auch in *Seele auf Papier* spreche. Sie blieb lange Zeit energisch dabei, dass ihr nie jemand geholfen habe. Nach einiger Zeit, es war kurz nach dem Tod ihrer Katze, fiel ihr doch etwas ein: Da sie mit ihrer nichtdiagnostizierten Asperger-Problematik unter ihren Mitschülern als absonderlich galt, wurde sie oft belächelt, ausgelacht, ironisch imitiert und noch schlimmer gehänselt. Eines Tages bekam das ausgerechnet der Religionslehrer mit. Er rief die Übeltäter zu sich und sagte ihnen: »Lasst das Mädchen in Ruhe! Sie ist anders als ihr, aber der liebe Gott hat eben verschieden Menschen gemacht. Auslachen ist eine Sünde!« Tatsächlich hatte sie von diesem Zeitpunkt an weitgehend ihre Ruhe.

Nach und nach fielen ihr dann doch noch kleine Geschichten ein, von einer Nachbarin, die ihr zugelächelt hatte, einem Schulbusfahrer, der ihr einen Platz in seiner Nähe anwies, an dem sie sich beschützt fühlte.

Dankbarkeit ist ein sehr wichtiges Gefühl, es ist geradezu ein Segen, dankbar sein zu können. Dankbarkeit hat einen starken Einfluss auf das psychische Wohlbefinden und angeblich sogar auf die physische Abwehrkraft. Dankbar zu sein, mildert Ängste, weil das Gefühl entsteht, gut aufgehoben zu sein unter den Menschen und im Notfall mit Hilfe rechnen zu können. Ich empfehle manchmal meinen Patienten, ein Heft anzulegen mit lauter Erfahrungen, für die sie dankbar sein könnten. Auf meinem Computer gibt es einen Ordner, der dramatisch betitelt ist mit »Wie mir viele Male das Leben gerettet wurde«. Okay, es waren nicht immer Lebensrettungen, aber manchmal große Erleichterungen, zum Beispiel, wenn einfach etwas Gefürchtetes nicht eintrat, so wie in der folgenden Geschichte:

Dankbarkeit der Therapeutin

Natürlich darf auch die Therapeutin manchmal eine Geschichte aus ihrem Leben erzählen. Das tue ich besonders gern beim Erzählen von Dankbarkeitsgeschichten. Wenn einer Patientin gar nichts einfällt, erzähle ich eine kleine Geschichte aus meinem Leben, zum Beispiel folgende:

> Ich war kaum acht Jahre alt, da wurde ich zum Familieneinkauf abgeordnet. In dieser Zeit begann unser kleiner Edeka-Laden, sich die ersten Elemente eines Supermarktes zuzulegen, Selbstbedienung an offenen Regalen und eine Gondel mit Süßigkeiten in der Mitte. Ehe ich mich versah, war eine Tüte mit Gummibärchen in meine Hosentasche geraten. Da hörte ich schon eine Stimme, es war die eines gleichaltrigen Mädchens: »Die hat gerade Bonbons geklaut!«, sagte sie laut und deutlich.

> Mir blieb das Herz stehen, in Sekundenschnelle gingen mir die Konsequenzen durch den Kopf, der Ärger zu Hause, vielleicht sogar Schläge. Dann sprach die Verkäuferin: »Das ist Angelika, die tut so etwas nicht!« (Große Erleichterung, die Bonbons habe ich dann dagelassen.)

In einem Fall geschah es dann, dass die Patientin, der mühsam eine Geschichte einfiel, noch einmal eine von mir hören wollte. So erzählten wir uns abwechselnd wunderbare Geschichten. Beschwingt verließ sie am Ende der Sitzung die Praxis. In der Folgezeit konnten wir immer mal wieder darauf zurückkommen, dass das Leben auch schöne Seiten hat – und immer schon hatte. Wichtig beim Erzählen aller traurigen Lebensgeschichten ist es, das gute Ende mit zu erzählen. Und das gibt es immer, sonst säße der Mensch Ihnen nicht gegenüber. Manchmal ist es richtige Arbeit, für bestimmte Situationen das gute Ende zu finden, und manchmal muss (und darf) man es erfinden.

Über das Fehlermachen

Alle Menschen machen Fehler, sogar Psychotherapeuten. Schon dieser Satz bringt manche Patienten zum Lächeln. Erwachsen sein und Fehler zu machen, ist etwas ganz Besonderes – wir dürfen es! Wir können zu diesen stehen – welche Erleichterung ist das! Der kindliche Satz »Ich war das nicht« ist aus dem Programm gestrichen. Wir können um Verzeihung bitten, gegebenenfalls etwas wieder gut machen. Und wir können lernen, dass Fehlermachen menschlich und in Ordnung ist. Wie viele Freunde hätten wir, wenn wir nie Fehler machen würden? *Fehlerlose* Menschen können andere nur verunsichern, sie werden sicher nicht gemocht.

Manchmal geht es darum, Fehler nicht zu ernst zu nehmen, sie passieren einfach. Und es kann Freude machen, sie zu korrigieren.

> Dazu erzähle ich gern die Geschichte von Oliver. Oliver war ein kleiner zarter Junge, sehr klug und sehr friedlich. Eines Tages saß ich neben ihm, als er einen Aufsatz schrieb. Ich entdeckte ein ungewöhnlich geschriebenes Wort und legte meinen Finger darunter. Oliver sah sich diese Stelle an, wiegte den Kopf und sah mich dann strahlend an: »Oh, Fehlerchen«, sagte er. Dann nahm er seinen Korrekturstift, löschte den Fehler und schrieb säuberlich den richtigen Buchstaben in die Lücke. Er strahlte wieder und beendete die Aktion mit einem selbstbewussten: »So!«
>
> Oliver sah seinen Fehler, ohne sich dafür zu verurteilen. Es war einfach ein kleiner Fehler, mehr nicht. Er hatte ein Wort anders geschrie-

> ben, als es die Lehrerin oder der Duden von ihm erwartete. Wenn wir unsere Irrtümer so sehen können, brauchen wir sie weder verstecken noch verteidigen noch uns mühsam herausreden mit Sätzen wie: »Das konnte ich nicht wissen!« Wir sagen einfach: »Okay, dann mache ich es jetzt anders.«

6.3　Märchen erzählen

Als Kind habe ich Märchen geliebt. Eine der wunderbarsten Erinnerungen an meinen Vater ist die, dass er mir Märchen vorlas, wenn ich krank war. Eines davon war *Das Nusszweiglein* von Ludwig Bechstein (1847). Es ist eine Variante des Mythos *Die Schöne und das Biest*.

Weil der Vater seiner Tochter den Wunsch erfüllt hat, ihr einen Nusszweig von einer Reise mitzubringen, muss er zur Strafe seine jüngste Tochter einem furchtbaren Bären ausliefern. Es handelte sich allerdings um einen Nusszweig mit goldenen Nüssen. Im Hause des Bären muss die Kaufmannstochter viele Aufgaben erfüllen und sich freundlich um den Bären kümmern. Am Ende verwandelt sich dieser natürlich in einen schönen Prinzen.

Von Anfang an wusste ich, dass der Bär nicht wirklich böse war, man müsse ihn einfach nur gernhaben. Ich war fünf Jahre alt, und vielleicht war das die Geburtsstunde meines einzigen Berufswunsches, den ich jemals hatte: Ich wollte Psychotherapeutin werden. Auf dem Weg dahin gab es viel Abenteuer zu bestehen.

Mein zweites Lieblingsmärchen, eine Weile später, war *Die Gänsehirtin am Brunnen*. Auch hier ging es um die jüngste von drei Töchtern, die auf eine Probe gestellt wurde, und zwar vom eigenen Vater. Er wollte wissen, wie lieb ihn seine Kinder hätten. Mit ihrer Antwort machte die Jüngste sich unbeliebt: »Die beste Speise schmeckt mir nicht ohne Salz, darum habe ich den Vater so lieb wie Salz«. Prompt wurde sie vom Hof vertrieben und gelangte im tiefen Wald in das Haus einer Hexe/weisen Frau. Drei Jahre später bereute der Vater und suchte nach seiner Tochter. Als er sie fand, bedauerte er, sein Königreich bereits an die älteren Töchter vergeben zu haben. »Sie braucht nichts.« sagte die Alte, »Ich schenke ihr die Tränen, die sie um euch geweint hat, und die sind mehr wert als euer ganzes Königreich« (Grimm & Grimm, 1989, S. 262).

Das war für mich der Beginn der Erkenntnis vom Wert und von der Würde des Leidens. Spannend an diesem Märchen finde ich auch die Widersprüchlichkeiten der Märchenfiguren. In der Therapie eignen sich diese, um Konflikte mit der Objektkonstanz zu bearbeiten. So ist der König, vielleicht ein guter Herrscher und Vater, gleichzeitig eitel und unempathisch. Die alte Frau, die der umherwandernde Graf für eine Hexe gehalten hatte, ist auch weise und freundlich. Gilt letzteres nicht auch für manche Mutter, die unsere Patienten in den düstersten Farben schildern?

Zu dem Thema gute Mutter/böse Mutter erzähle ich auch manchmal eine Geschichte aus meiner Kindheit. Ich habe meine Mutter lange für böse, zynisch und lieblos gehalten. Und das war sie auch! Aber eben nicht nur. Auf die Aufforderung einer Therapeutin, mich an etwas Positives zu erinnern, fiel mir folgendes ein:

> Ich spielte auf dem Hof mit Nachbarskindern und sagte plötzlich: »Ich habe eine Puppe, die laufen kann.« (Manchmal brach eben meine Fantasie mit mir durch.) Niemand glaubte mir. Ich blieb dabei. Endlich sagte ein Nachbarsmädchen: »Ich frag jetzt deine Mutter« und lief die Treppe hoch. Ich folgte ihr mit angstvoll-klopfendem Herzen, bis zum Schluss hoffte ich, Annette würde nicht wagen, bei uns zu läuten. Sie tat es doch und als meine Mutter öffnete, stieß Annette hervor: »Angelika hat gesagt, sie hätte eine Puppe, die laufen kann.« Unbeeindruckt antwortete meine Mutter: »Wenn Angelika das sagt, wird es wohl stimmen.« Ich musste wohl mein Bild von meiner Mutter neu erfinden. Und dies ist gleichzeitig eine meiner schönsten Dankbarkeitsgeschichten.

Ich erzähle die kleinen Geschichten über meine Lieblingsmärchen, um deutlich zu machen, wie sehr einzelne Märchen, Passagen oder auch nur Sätze aus Märchen mit der psychischen Entwicklung eines Menschen verbunden sein können. Märchen schildern Prozesse der Individuation, bisweilen geben sie auch unangenehme Hinweise. Wenn es darum geht, sich aus bestimmten Abhängigkeiten zu lösen, eigene Entscheidungen zu treffen, erzähle ich manchmal von Hänsel und Gretel. Kinder sind beeindruckt von der geschwisterlichen Nähe. Einmal sagte eine Patientin genau das zu mir: »Früher waren mein Bruder und ich wie Hänsel und Gretel, wir haben alle Schwierigkeiten mit unserer Mutter gemeinsam bewältigt. Als wir älter wurden, stritten wir nur noch.« Ich erinnerte sie das Märchen, und sie zeigte mir die Parallelen auf. Dann fragte ich sie nach dem Schluss. Wie die meisten Menschen dachte sie, die Kinder kämen mit ihren Schätzen nach Hause und alles war gut. Dabei wird gern ein Zwischenschritt übersehen: Um nach Hause zu kommen, müssen sie ein großes Wasser überqueren, sie wollen es auf dem Rücken einer Ente tun. Hänsel setzt sich also und bittet seine Schwester, zu ihm zu kommen. Diese sagt nein, das sei für das Tier zu schwer, es solle sie nacheinander hinüberbringen.

Ist es nicht eine schöne Metapher für einen Reifeschritt zu sagen, man müsse ein großes Wasser überqueren – und das (manchmal) auch allein?

Wenn Sie in der analytischen Psychologie Jungs bewandert sind, ist Ihnen der Umgang mit Symbolen, Archetypen und Märchenfiguren vertraut. Verena Kast (1989) gibt einen anschaulichen Einblick in die Möglichkeit der Arbeit mit Märchen. Aber auch ohne diese Vorbildung kann die Arbeit mit Märchen hilfreich sein, um Psychodynamiken und Entwicklungsprozesse/Individuation deutlich zu machen. Manche Geschichten lassen sich ziemlich direkt auf heutige Realitäten übertragen. Wussten Sie zum Beispiel, dass Rapunzel eine Zeitlang alleinerziehende Mutter von Zwillingen war? Und der Königssohn irrte blind und jammernd durch den Wald, bevor sie ihn mit ihren Tränen heilte (Grimm & Grimm, 1989, S. 68). Wie viel Stoff für die Paartherapie ergibt dieses Märchen!

Spannend finde ich immer wieder, bei der Frage nach Märchenerfahrung der Patienten, auch die Reaktion des Kindes von damals auf die einzelnen Märchen bzw. Handlungsstränge oder Figuren zu erfahren. Auch werden einzelne Figuren unterschiedlich gedeutet. So kann Rotkäppchen ein einsames, ängstliches Mädchen sein und auch ein Kind, dass sich von seiner Mutter abnabelt und einen eigenen Weg sucht. Und vergessen wir beim wachgeküssten Dornröschen nicht, dass die 100 Jahre vergangen waren, kein Prinz hätte sie vorher wachküssen können. Apropos Küssen: Es ist eine Legende, dass Frauen Frösche küssen müssen, damit sie zu Prinzen werden. Im Gegenteil: Weil der Frosch die Prinzessin immer wieder zwingen will, das zu tun, was ihr Vater ihr aufgetragen hat »ward sie erst bitterböse, holte ihn herauf und warf ihn aus allen Kräften wider die Wand« (Grimm & Grimm, 1989, S. 40). – Paarbildung kann eben Kampf, Abgrenzung und vor allem Emanzipation bedeuten.

Als warnendes Beispiel einer nicht ganz gelungenen Autonomie-Entwicklung kann das Märchen von Schneewittchen gelten. Sie ist das Opfer ihrer Stiefmutter – und bleibt es. Trotz aller Warnungen gelingt ihr keine Abgrenzung, bis sie selbst (als Individuum) stirbt. Die Rettung durch den Prinzen ist eher dem Zufall als ihm zu verdanken und führt dann in die nächste Abhängigkeit. Überhaupt, vielleicht sollte man die vielen Märchenstiefmütter und auch die realen in den heutigen Patchwork-Familien rehabilitieren als echte Helferinnen bei Emanzipation und Individuation?

Schön an dem Märchen vom Froschkönig ist auch die Metapher von dem Band, das um das bedrückte Herz des treuen Dieners Heinrich lag und das jetzt mit lautem Krach zerspringt. So kann Kummer enden, als sanft schmelzendes Eis oder als aufgesprengte Fessel: »Im Kontakt mit den Bildern des Märchens wird etwas Tragendes erlebt; die persönliche Geschichte, das persönliche Leid werden in einem größeren Zusammenhang gesehen, werden gespiegelt in einer Erfahrung, die Menschen schon immer machen mussten.« (Kast, 1989, S. 206).

6.4 Erzähl mir deinen Traum

»Es gibt Vorgänge in der Seele, deren wir nicht unmittelbar gewahr sind.«
Thomas von Aquin (1225–1274)

Träume sind etwas Wunderbares, auch wenn manche Neuropsychologen der Meinung sind, sie seien unkoordinierte neuronale Entladungen. Das will mir nicht einleuchten, weil sie mir dazu zu individuell und vielfältig erscheinen. Andererseits: Natürlich sind Träume auch neuronale Ereignisse, sie finden schließlich in unserem Gehirn statt. Auch ihre Inhalte entstammen unserem Gehirn, selbst, wenn sie uns im wachen Zustand nicht bewusst sind. Zwischen 80 und 95 % unserer gespeicherten Informationen, Gedanken, Gefühle und Bilder sind der Neurobiologie zufolge nicht einfach abrufbar. So kehrte das Freudsche Unbewusste zurück in die klinische Neuropsychologie, wie der Psychologe Franz Dick (*1943) auf einer Tagung der Hessischen Neuropsychologen am 23.09.2009 erklärte. Und in seinem Schlussplädoyer stellte er folgende Forderungen: Die Neurobiologie soll »die Bedeutung der emotionalen Botschaft anerkennen. Sie ist wohl höher als die der verbal-informativen Botschaft.« Und er schlägt vor: »Die bewusste Anwendung suggestiver Methoden – über die Hypnose und hypnoseähnlichen Therapieformen hinaus« (Dick, 2009, S. 14).

Persönlich habe ich viele Erfahrungen mit Träumen und Traumdeutungen. So besitze ich noch das Heft, in dem ich während meiner eigenen Psychoanalyse meine Träume notiert habe. Der Analytiker muss begeistert gewesen sein; ich erinnere mich allerdings an keinen der Träume, auch an keine Deutung, merkwürdigerweise aber an die Gefühle, die im Traum aufgetreten sind.

6.4 Erzähl mir deinen Traum

Eine andere bemerkenswerte Erfahrung mit einem Wiederholungstraum ist folgende: Es handelte sich um einen klassischen Prüfungstraum. Nur wenigen Träumen räumte Freud – im Gegensatz zu Jung – einen bei allen Träumenden ähnlichen Sinn ein. Dazu gehören der Traum vom Fliegen, von der unangemessenen Bekleidung in Gesellschaft, ausfallenden Zähnen – und eben der Prüfungstraum (Freud, 1982/1900, S. 277f.). Diesen Traum träumte ich über mehrere Jahre wie aus dem Lehrbuch: Ich hatte kein Abitur, weil ich an der Mathematik gescheitert war. Dabei hatte ich schon das Diplom, meine Praxis und eine Kassenzulassung. Was würde also geschehen, wenn entdeckt würde, dass ich kein Abitur hatte? Ich versuchte verzweifelt, es auf einer Erwachsenenschule nachzuholen. Es gelang nicht. Nachdem ich diesen Traum viele Male geträumt hatte, gab es eine Variante: Gleiche Szene, ich saß mal wieder in einem Klassenraum beim Mathematikunterricht, da kam mir plötzlich die Erkenntnis: Ich habe ja das Abitur schon lange! Ich bin aufgestanden, habe unter den erstaunten Blicken meiner Mitlernenden den Raum verlassen – und diesen Traum nie wieder geträumt.

Natürlich gibt es – neben Freuds Erklärungen, auch viel persönliche Interpretationsmöglichkeiten. Die Wende in meinem Traum kam zu keinem zufälligen Zeitpunkt in meinem Leben, sondern nach meiner ersten Indienreise, ein wichtiger Schritt in meiner Individuation.

Jetzt komme ich darauf zu sprechen, wie wir mit Träumen (auch ohne psychoanalytische Ausbildung) in der Psychotherapie arbeiten können. Grundlage ist natürlich der Glaube daran, dass in der Traumerzählung Bedeutungen liegen. So kann ich einen Traum unter verschiedenen Aspekten mit dem Patienten zusammen betrachten. Meist ergibt es sich, einen Blickwinkel zu finden, der gerade im Therapieprozess besonders von Bedeutung ist. Ein bisschen Strukturierung seitens der Therapeutin ist dabei hilfreich, sie sorgt auch für eine affektiv entspannte Situation, sodass der Patient erzählen kann, was ihm zu seinem Traum einfällt. Die Therapeutin nimmt ihn, seine Traumgedanken und seine Assoziationen ernst.

Zuerst lasse ich mir den Traum in allen erinnerbaren Facetten erzählen und schreibe den Traum mit. Ich unterstreiche Stichworte, die ich zum augenblicklichen Zeitpunkt für eine weitere Untersuchung sinnvoll finde. Dann frage ich die Patientin nach ihren ersten Ideen. Wenn ihr nichts mehr einfällt, frage ich gezielt nach Assoziationen zu einzelnen (von mir hervorgehobenen) Traumelementen. Dabei können unerwartet Erinnerungen auftauchen, die durch bestimmte Traumszenen angeregt wurden und mit ihr in gefühlsmäßiger Verbindung stehen.

Eine Frage, die ich mir selbst stellen kann, ist folgende: »Warum erzählt sie mir diesen Traum gerade jetzt?« Ich nehme wahr, was ich bei diesem

Traum empfinde: Freude? Erschrecken? Enttäuschung? Die Beantwortung dieser Fragen sagt mir etwas über meine Beziehung zur Patientin, mein Bild von ihr, eventuell auch über meine Erwartung an sie.

So erlebe ich Beziehung

Ein Aspekt, unter dem man sich Träume ansehen kann, ist der Beziehungsaspekt. Wie stehen die Traum-Protagonisten zueinander? Gibt es Ähnlichkeiten, Nähe und Schutz oder eher Feindseligkeiten? Wer verfolgt wen und warum? Hilft jemand und wenn ja: Wie wird diese Hilfe erlebt?

> Ich denke an den Traum der Patientin Frau D., einer 20jährigen Erzieherin. Frau D. erholte sich nur schwer von einer Depression, und die Idee, wieder in ihren Beruf zurückzukehren, lockte und ängstigte sie zugleich. Sie träumte, sie stecke in einem Sumpf fest. Da sei ihre Mutter gekommen, habe sie bei der Hand genommen und auf festen Boden gezogen. Als sie diesen festen Boden unter ihren Füßen gespürt hatte, wollte sie sich von ihrer Mutter lösen. Diese zog immer weiter an ihr, bis alles um sie herum im Nebel versank. In diesem Traum lassen sich viele Aspekte der konventionellen Traumdeutung erkennen: Abhängigkeit, der Wunsch nach Unterstützung, der Kampf um Autonomie, die Angst vor der Autonomie usw. Wir deuteten den Traum als Ausdruck für den Wunsch, nicht wieder arbeiten zu müssen. Die Arbeit im Kindergarten war mit auslösend für die starke Depression gewesen. Und die Mutter sollte die Verantwortung dafür übernehmen, dass es ihr nicht möglich sei, arbeiten zu gehen. Wir verstanden, dass die Patientin nicht mehr als Erzieherin arbeiten wollte, sondern sich einen anderen Beruf wünschte. (Später begann sie eine Umschulung zur Elektronikerin.)

Diese Darstellung ist natürlich extrem verkürzt, wir haben uns in mehreren Sitzungen mit diesem Traum beschäftigt und einzelne Elemente später immer wieder aufgenommen.

»Ich habe von Ihnen geträumt«

Eine besondere Herausforderung ist es, mit einem Traum zu arbeiten, in dem die Therapeutin selbst eine Protagonistin ist. Manchmal mag es schmeicheln und gute Gefühle hervorrufen: Die Patientin hat sich auf die Therapie eingelassen, die Therapeutin ist wichtig für sie. Es gibt eine starke Übertragung, ganz gleich, ob die Darstellung positiv oder negativ ist.

Bei einer vorzeitig berenteten Borderline-Patientin, die immer wieder von mir träumte, war anfangs ihre starke Ambivalenz spürbar. Ich erschien in ihren Räumen und sie wollte mich entfernen – ich sei aber einfach nicht gegangen. Später tauchte sie in meinen Räumen auf – und in meiner Gegenübertragung fühlte ich mich bedrängt. Es stellte sich heraus, dass ich wirklich der einzige Mensch in ihrem Leben war, zu dem sie überhaupt Kontakt hatte. Nach einigen Schwierigkeiten konnten wir uns darauf einigen, dass sie noch eine andere Person (einen Psychiater) in ihr Leben ließ.

Auch gibt diese Art von Träumen Aufschluss über die Beziehung zwischen Ihnen und der Patientin, also das Übertragungsgeschehen, ebenso wie deren Beziehungswünsche.

»Was wünsche ich mir?«

Nach Freud sind alle Träume Wunscherfüllungen. Ob dieses wirklich für alle Träume gilt, weiß ich nicht, aber tatsächlich stoßen wir bei der ausführlichen Bearbeitung eines Traumes oft auf Wünsche. So war in dem oben beschriebenen Traum der Wunsch versteckt, nicht mehr arbeiten gehen zu müssen. Dieser Wunsch ließ sich später modifizieren als der Wunsch, nicht mehr mit Kindern zu arbeiten. Wünsche, die vom wachen *Ich* nicht akzeptiert werden, werden im Traum oft auf ähnliche, manchmal sogar bedrohliche Weise verschleiert. Erinnern Sie sich an den berühmten Traum von der Metzgersfrau in Freuds Traumdeutung? Sie stellte seine Theorie von der Wunscherfüllung auf eine harte Probe, in dem sie von einem unerfüllten Wunsch in ihrem Traum berichtete. Damit schien sie ihm zu beweisen, dass die Theorie nicht stimmt (Was ja auch schon eine Wunscherfüllung gewesen wäre.). Natürlich kam Freud ihrem eigentlichen Wunsch auf die Spur: Wenn sie davon träumte, dass sich ihr Wunsch, ein Fest zu geben, nicht erfüllte, gelang damit etwas anderes: Sie musste auch die Nachbarin nicht einladen, die dem Metzger schöne Augen machte.

Suchen Sie also gemeinsam mit ihren Patienten nach den Wünschen im Traum, es lohnt sich. Diese Wünsche erklären manche Widerstände, die Patienten beim Prozess der psychischen Entwicklung behindern können. Natürlich sind alle Wünsche ernst zu nehmen, allerdings stammen einige aus frühen Reifestadien des *Ichs* und sind für die erwachsene Person nicht hilfreich. Manche dieser Wünsche nenne ich Sehnsucht nach dem Paradies. Ich sage, dass wir alle einen solchen Wunsch in uns haben. Wir können herausarbeiten, welche Relevanz diese Sehnsucht für unser heutiges Leben haben kann, z. B. kann die Sehnsucht ein Motor dafür sein, Dinge zu verändern, Wohnungen, Beziehungen und/oder den Arbeitsplatz zu wechseln.

Traumbotschaften

Ich gehe davon aus, dass in jedem Menschen eine Kraft zur psychischen und physischen Selbstheilung liegt. Dieser Impuls ist bisweilen verletzt oder verschüttet. Manchmal können wir ihn im Traum wiederfinden, dort ist ein Kontakt mit dem Unbewussten hergestellt. So träumte ein Patient einige Male von unterschiedlichen Tieren, die in Käfigen gehalten wurden, von Leoparden, Affen, Adlern und Pferden. Nach dem vierten oder fünften Traum dieser Art ließ ich ihn den Tieren bestimmte Eigenarten zuordnen. Schließlich kam er darauf, dass er diese Eigenschaften auch in sich spüre. Der Traum enthielt den Auftrag, sich darum zu kümmern, die Kraft in sich zu integrieren und für sich einzusetzen und nicht nur, wie bisher, in Form der altruistischen Abtretung in Beruf und Familie.

Wer bin ich in meinem Traum?

C. G. Jung unterscheidet in der Traumdeutung der analytischen Psychologie die subjektstufige und die objektstufige Interpretation. Unter der Subjektstufe versteht Jung die »Auffassung eines Traumes oder einer Phantasie, bei der die darin auftretenden Personen oder Verhältnisse als auf subjektive, gänzlich der eigenen Psyche angehörende Faktoren bezogen werden« (2013, S. 97f.). Das sei für die Erkenntnis des eigenen Charakters hilfreich und helfe dabei, das Bild von einem Menschen davon zu unterscheiden, was er sich *wirklich* wünscht. Das ist ein hoher Anspruch, den sicher niemand gänzlich erfüllen kann.

Freuds Theorie der Traumdeutung bewegt sich fast ausschließlich im Objektbereich. Das bedeutet, für jedes Traumbild gibt es ein Pendant in der Realität – so kann die gefährliche, verfolgende Tiergestalt für ein böses Objekt wie den misshandelnden Vater stehen. Patienten, die unter Alpträumen leiden oder in deren Träumen viel Gewalt vorkommt, schätzen diese Variante der Traumdeutung. So bleiben sie die Opfer, reanimieren alle schrecklichen Erinnerungen im Traum – und dann in der Therapiesitzung.

Bei Patienten, die einigermaßen stabil sind, lohnt ein Versuch mit der subjektstufigen Traumarbeit. Ich erkläre, nachdem wir eingangs die Traumelemente benannt haben, den Unterschied zwischen beiden Verfahren und bitte dann: »Versuchen Sie doch einmal, sich vorzustellen, alle diese Teile des Traumes haben ausschließlich etwas mit Ihnen zu tun, ihren Gefühlen, Wünschen, inneren Anteilen.« Als ich eine Patientin darum bat, richtete sich ihr Augenmerk zuerst auf die aggressiven Elemente ihres Traumes. Damit wollte sie eigentlich nichts zu tun haben, nur den angstvollen Wesen im Traum fühlte sie sich verbunden. Sie verfügte nur über wenig Zugang zu ihren aggressiven Impulsen. Hilfestellung gab mein schlichter Satz: »Das ist Ihr Traum, können Sie sich vorstellen, etwas zu träumen, dass so gar nicht in Ihnen ist?« Sie war bereit, nachzudenken und überraschte mich dann mit vielen aggressiven Fantasien und Racheplänen. So untermauerte sie Jungs Satz: »Die Behandlung eines unbewussten Produktes auf der Subjektstufe ergibt das Vorhandensein subjektiver Urteile und Tendenzen, zu deren Träger das Objekt gemacht wird« (2013, S. 98).

Wir können einen Traum immer subjekt- wie objektstufig deuten. Jeder Traum spiegelt unser Verhältnis zu äußeren Objekten ebenso wie zu inneren Anteilen. Beide Seiten sind uns im Alltagsbewusstsein oft nicht zugängig.

7

Was wäre, wenn... – Gedankenspiele

»Fantasie ist ein guter Diener und ein schlechter Meister.«
Agatha Christie (1890–1976)

Wir können die Vergangenheit nicht ändern, wird immer behauptet. Doch, wir können! Wir wissen heute, wie wenig unser inneres Bild der Vergangenheit dem realen Geschehen noch entspricht. Jede weitere Erinnerung ist eine Erinnerung an die Erinnerung, die etwas verschoben auf der vorherigen ruht. Alles was geschehen ist, ist vorbei, es ist nur noch ein Film in unserem Kopf. Wenn es aber ein Film ist, sind wir der Hauptdarsteller oder die Hauptdarstellerin in diesem Film, und gleichzeitig führen wir die Regie. Wenn wir uns immer wieder an das Schreckliche erinnern, das wir erlebt haben, fühlen wir uns schrecklich. Das hängt auch mit einer Arbeitsweise unseres Gehirns zusammen, das in mancher Hinsicht sehr archaisch reagiert – und besonders heftig auf echte oder vermeintliche Gefahren antwortet. Das war in der Zeit von Jägern und Sammlern sicher sinnvoll. Wenn sich einer dieser Urahnen viel Zeit genommen hat zu überprüfen, ob etwas wirklich gefährlich ist oder er sich diese Gefahr nur einbildet, ob hinter diesem Strauch ein Säbelzahntiger haust oder dieser woanders ist? Dann war er eine leichte Beute, wenn es sich wirklich um eine Gefahr gehandelt hat. Das Gehirn hat eine prima Lösung entwickelt: Wenn du eine Gefahr vermutest, geh davon aus, dass sie real ist und verhalte dich dementsprechend. So kommt es, dass, kurz gesagt, das Gehirn nicht unterscheidet, ob das, was es gerade wahrnimmt, innere oder äußere Bilder sind. Und es reagiert (fast) gleich, ob eine Situation dreißig Jahre zurück liegt oder ob wir sie gerade erleben. Die gleiche Funktionsweise unseres Gehirns führt dazu, dass wir Filme so intensiv erleben können. Wegen der Bilder erleben wir Filme intensiver als Bücher. Wir bekommen Angst, werden wütend oder traurig. Und der rationalisierende Satz »Es ist ja nur ein Film« hilft wenig.

Wenn wir uns also vergangene Verletzungen ins Gedächtnis zurückrufen, verletzen wir uns selbst, wir können hier von einer Retraumatisierung sprechen, die wir uns selbst zufügen. Ich habe diesen Mechanismus hier – natürlich vereinfacht – so ausführlich beschrieben, weil diese Mitteilung ein wichtiger Teil von Psychoedukation ist. Viele Patienten kommen mit der Vorstellung in die Therapie, das alte Leiden noch einmal durchleben zu müssen, um sich von den Schmerzen befreien zu können. Sie haben Recht und Unrecht zugleich. So muss es in der Traumaarbeit erst zu einer Stabilisierung kommen, bevor das Trauma selbst in der sogenannten Traumakonfrontation bearbeitet werden kann. Das soll dann genau ohne die tiefen Gefühle von damals geschehen, in einer erwachsenen Position.

Genau da setzt der Gedanke von Agatha Christie an. Leider habe ich vergessen, aus welchem Buch dieses Zitat stammt. Ich bin sicher, es entsprang den kleinen grauen Zellen des Hercule Poirot. Wenn wir die alten Schmerzszenen nicht nur erinnern, sondern uns tief in sie hineinbegeben, lassen wir unsere Fantasie den Meister sein. Dieser Punkt ist von vielen Patienten schwer zu akzeptieren, wenn sie sich von Bildern und Gefühlen überschwemmt fühlen. Der Weg dahin, sich die Fantasie zum Diener zu machen, ist ähnlich schwer wie die Aufgabe, sich mit dem inneren Kritiker zu verbünden.

Imaginationsübungen dienen genau diesem Zweck, nämlich unsere Fantasie in bestimmte Bahnen zu lenken und für die Heilung zu nutzen. Das geschieht am wirkungsvollsten in gelenkten Übungen, die erstaunlicherweise den meisten Patienten leichtfallen. Auf diese Erfahrung können wir aufbauen. Ich beschreibe im Folgenden zwei der wichtigsten Übungen, beide sind auch ausführlich beschrieben bei Reddemann (2001).

7 Was wäre, wenn… – Gedankenspiele

7.1   Fantasie als helfende Instanz

Unsere Fantasie ist ein mächtiges Werkzeug. Mit ihrer Hilfe können wir uns ein schön(er)es Leben ausmalen und den Weg dahin, wir können auf Reisen gehen, Bilder und Geschichten entwerfen. Wenn wir allerdings die Kontrolle über sie verlieren, führt uns unsere Fantasie auch gern immer wieder in das gleiche, vor langer Zeit erlebte Unglück zurück (siehe dazu den Absatz über die Retraumatisierung; ▶ Kap. 10).

Übung: Der Tresor

Es ist nicht so, als wenn wir uns nie mit alten Gefühlen beschäftigen dürfen. Manche Patientin bezeichnet jede Form, dies zu tun, jede Ablenkung als Verdrängung. Gleichzeitig gibt es viele Situationen, in denen diese Gefühle einfach fehl am Platze sind. Niemand möchte bei einem Vorstellungsgespräch in Tränen ausbrechen, weil Mutter die Schwester immer vorgezogen hat. Auch das Autofahren braucht unsere volle Aufmerksamkeit. In diesen und vielen anderem Situationen legen wir die Gefühle in einen dickwandigen Tresor, verschließen diesen mit einem Code, den keiner sonst kennt. Wichtig für die Patienten: Wenn sie sich mit dem Gefühl beschäftigen wollen, müssen sie den Tresor erst wieder öffnen. Die Gefühle können nicht einfach so hereinbrechen. Das ist eine gute Übung auf dem Weg zu einer gesunden Selbstregulation (vgl. Reddemann, 2001, S. 46).

Übung: Der sichere Ort

Eine andere, wichtige Übung ist das imaginäre Aufsuchen eines sicheren Ortes. Dabei geht es darum, ein Gefühl von Sicherheit und Geborgenheit zu entwickeln, das weitgehend unabhängig von anderen Menschen ist und abgerufen werden kann, wenn es gebraucht wird.

Zusätzlich zu der bei Reddemann (2001, S. 40f.) beschriebenen Technik, verknüpfe ich diese Übung mit Elementen und Methoden der Tiefenentspannung. Dabei sind zuerst Wege zu gehen, die sich selbst schon an geheimen Orten befinden. Mein Anleitungstext lautet folgendermaßen:

> »Stellen Sie sich vor, Sie sitzen an einem Ort in der freien Natur, den sie gern mögen. Nehmen Sie Platz auf einer Decke oder einem bequemen Sessel. Sie atmen ruhig und entspannt. Sie genießen gerade eine

> Pause im Alltag. Dann blicken Sie sich um und entdecken etwas, das Sie bisher noch nicht gesehen habe. Es handelt sich um ein Tor, eine Tür oder eine Pforte. Sie stehen auf, öffnen diesen Eingang und sehen einen Gang, den sie entlanggehen. Am Ende des Ganges befindet sich ein Raum, den Sie betreten. Bleiben Sie stehen und prüfen Sie Ihr Gefühl. Ist dies ein Raum, in dem Sie sich wohlfühlen? Möchten Sie gern hierbleiben? (Wenn nicht, durchqueren Sie diesen Raum und betreten dahinter einen anderen, der sich vom ersten sehr unterscheidet.) Wenn Ihnen ein Raum angenehm ist, bleiben Sie dort. Sehen Sie sich um: Ist alles zu Ihrer Zufriedenheit? Fehlt etwas, ist etwas zu viel? Sie können diesen Raum frei gestalten. Dann nehmen Sie Platz. Sie sehen sich um, genießen die Stille dieses Ortes. Sie fühlen sich geborgen und atmen das Gefühl von Ruhe und Sicherheit ein. Sie füllen alle Körperzellen mit diesem Gefühl. Dies ist Ihr Raum, Sie können jederzeit in ihn zurückkehren.
>
> Nach einer Weile verabschieden Sie sich. Sie gehen den Weg zurück, den Sie gekommen sind. Verschließen Sie die Pforte wieder und kommen dann mit Ihrer Aufmerksamkeit hier in die Praxis zurück.«

Zur Regie: Ich bitte die Patientin, mir einen kleinen Tipp zu geben, wenn sie in dem Bild angekommen ist, das ich gerade beschrieben habe. Dies kann sie zum Beispiel durch das Heben ihres Daumens mitteilen.

Die Übung hat einen zweiten Teil. Er kann direkt angeschlossen oder in einer der nächsten Sitzungen vermittelt werden. Mit Einwilligung der Patientin kann eine Person/helle Gestalt den sicheren Ort betreten. Es handelt sich dabei um die innere Beraterin. Diese Instanz symbolisiert das Wissen der Patientin um sich selbst und das, was gut, richtig und wichtig für sie ist – und zu dem sie oft keinen Zugang hat. Hier heißt mein Text:

> »Sie können jederzeit an diesen Ort zurückkehren und alle Fragen stellen, die Sie stellen möchten. Und Sie werden eine Antwort erhalten.«

Das Gefühl, das am sicheren Ort in den Körper einströmt, kann verankert werden. Die erste Möglichkeit, Gefühle zu verankern ist die, achtsam hinzuschauen, wo im Körper das Gefühl am deutlichsten wahrzunehmen ist. Das kann sowohl im Magen sein als auch im Hals, den Schläfen oder in der Brust. Die Patientin legt ihre Hand dorthin. In Situationen, in denen sie

Unterstützung, die Ruhe des sicheren Ortes, braucht, wiederholt sie diese Geste – und das Gefühl kehrt zurück.

Anmerkung: Für diese wie für fast alle anderen Übungen gilt, dass sie oft wiederholt werden müssen. Ich empfehle den Patienten zwar, das zu Hause zu tun, weiß aber, dass oft Energie und Disziplin fehlen. Aus diesem Grunde wiederhole ich die Übungen dann während der Therapiesitzungen. Hilfreich ist es auch, auf CD gesprochene Texte mitzugeben. Die Stimme der Therapeutin ist dann eine große Unterstützung beim Üben.

Für mutige Kollegen und Kolleginnen empfehle ich, die Krafttierreise auszuprobieren. Sie macht Spaß und führt zum verstärkten Kontakt mit der eigenen inneren Kraft. Genaue Anweisungen finden Sie bei Harner (1999). Es gibt eine CD, die durch diese Reise führt. Diese brauchen Sie auch dann, wenn Sie nicht selbst trommeln wollen.

Übung: Wirksame kleine Leute

Wir kennen hilfreiche Übergangsobjekte nicht nur bei Kindern als Schnuller, Schmusetücher oder Kuscheltiere. Auch Erwachsene fühlen sich durch Talismane in den unterschiedlichsten Formen ein wenig sicherer und geschützter, besonders auf Reisen. Viele Kinder haben einen imaginären Freund. Diese Fantasie hilft ihnen dabei, sich nicht allein und schutzlos zu fühlen. Mit diesem Freund können sie sich austauschen, wenn sie sich alleingelassen fühlen. Er ist gleichzeitig ein Berater. Ich denke an verschiedene Kinderbücher, gerade habe ich noch den Großen Baresi (Doherty, 2008) kennengelernt, der nicht nur Fantasie fördert, sondern ganz unpädagogisch auch das moralische Urteil schärft (Ich empfehle Patienten gern Kinderbücher, besonders, wenn wir mit kindlichen Ego-States arbeiten.).

Die hilfreichen Eigenschaften imaginärer Freunde können sich auch Erwachsene nutzbar machen. Vorformen gibt es schon in dem Bild des kleinen Mannes, der uns im Ohr sitzt.

Übung: Frau R. sitzt auf ihrer Schulter

Die Idee ist gar nicht von mir, sie ist das ideelle Geschenk einer Patientin (Ich vergesse immer wieder, wie sehr sich Patienten merken, was ich gesagt habe und dass das manchmal eine ziemlich große Rolle spielt.).

> Frau B. kam also eines Tages und erzählte mir, eine schwierige Situation mit Leichtigkeit bewältigt zu haben. Es handelte sich um die Begegnung mit der ehemaligen Gattin ihres Mannes. Sie fühlte sich dieser Frau un-

terlegen, weil sie immer wieder gehört hatte, welch ein tolles Paar die beiden gewesen wären und dass niemand die Trennung verstünde. Wir hatten lange an dem Problem gearbeitet, weil es repräsentativ für einige Konflikte war, die in Frau B.s Leben immer wieder auftauchten. Trotzdem schien sich in der Realität nichts zu verändern, bis eben zu dieser Sitzung, in der mir Frau B. stolz von ihrem Erfolg erzählte. Als ich sie fragte, was denn anders gewesen sei, antwortete sie, ich habe auf ihrer Schulter gesessen und ihr das ins Ohr geflüstert, was wir schon viele Male besprochen hatten. Natürlich war ihr klar, dass sie die Handelnde war. Mit mir auf ihrer Schulter war es noch wirksamer. Immer wieder beriet sie sich mit der winzigen Frau R., die auf ihrer Schulter saß. So konnte sie die *Ehemalige* höflich begrüßen, und deren Sticheleien unbeantwortet lassen. Später ging sie mit dem stolzen Gefühl nach Hause, Siegerin zu sein, schließlich war er ja jetzt bei ihr. Gerade der letzte Satz hatte sie vor allen Anfeindungen geschützt.

Ganz gleich, wer da auf der Schulter sitzt, ein Engel, Pippi Langstrumpf oder die geliebte Großmutter: Der Rat der kleinen Figur ist oft hilfreich.

Übung: Das Museum der Verletzungen

Frühkindliche Verletzungen, Traumata, Kränkungen, sollten nicht zu lange und ausschließlich im Mittelpunkt stehen, aber sie müssen auch zu ihrem Recht kommen, zu Akzeptanz und Mitgefühl. Sie brauchen einen eigenen Raum, der gegebenenfalls auch mal verschlossen werden darf, um Wachstum und Veränderung zu erleichtern. In der Psychotherapie ist Platz für einen solchen Raum. Hier dürfen alle Schmerzen, Erinnerungen und Gefühle sein. Sie finden hier ihre Anerkennung und den Respekt, den sie verdienen und zwar ohne Kritik und Zensur. Ja, es war schlimm, kränkend, vielleicht entwürdigend, was der Patient erlebt hat. Da hilft es nicht, dass es auch Schlimmeres gibt. Erst wenn der Patient sich darin ernstgenommen fühlt, ist er bereit, die Vergangenheit hinter sich zu lassen, ohne das Gefühl zu haben, sich selbst zu verraten. Natürlich ist dieser Raum nicht der einzige, der das Haus (das Selbst) des Patienten ausmacht. In der Therapie sehen wir uns auch die anderen Räume an. Um eine klare Abgrenzung zu schaffen, biete ich manchmal folgende Übung an:

> Wir stellen uns ein Haus mit verschiedenen Räumen und einem Garten vor. Manchmal macht es Patienten Spaß, die einzelnen Räume zu defi-

> nieren und fantasievoll zu gestalten. Das ist ein sehr nützlicher, hilfreicher Nebeneffekt dieser Übung. Wir lernen gleichzeitig einige direkte oder verschlüsselte Wünsche des Patienten kennen, und er entwirft ganz nebenbei einen sicheren Ort.

Zurück zum Museum: Ein Raum in diesem Haus wird als Museum eingerichtet. Er ist in der Regel verschlossen, nur der Hausbesitzer hat einen Schlüssel. Er betritt das Museum selten allein, am besten mit einer Person seines Vertrauens. Im Museum sind die Insignien seiner Verletzungen aufgehoben, Dinge, die schmerzhafte Situationen repräsentieren, zum Beispiel das Diktatheft mit den vielen, mit roter Tinte geschriebenen Bemerkungen des strengen, unempathischen Lehrers, in Gips dargestelltes Essen, das der Patient nicht mochte und dessentwillen er stundenlang am Tisch sitzen musste. Natürlich sind keine Personen in dem Museum gefangen, sie werden nicht einmal als Wachsfiguren dargestellt. Sollte sich keine andere, symbolische Darstellung finden, dann hängt dort ein Bild – nicht zu monumental – an der Wand.

Wenn der Patient sich an ein bestimmtes Ereignis erinnert und wir damit arbeiten wollen, besuchen wir dieses Museum. Haben wir die Arbeit abgeschlossen oder ist einfach die Stunde zu Ende, wird die Tür wieder verschlossen. In den anderen Räumen (Gegenwart) gibt es auch genug zu tun.

Anmerkung: Das Bild des Museums bietet auch eine gute Möglichkeit, das Prinzip des Triggerns zu erklären. Patienten benutzen gern und fast inflationär diesen Ausdruck. Dann kann man übersetzten: »Sie haben den Schlüssel für Ihr Museum jemand anderem überlassen, freiwillig oder unfreiwillig.« Mit dieser Übung wird das Gefühl des Patienten gestärkt, sich nicht von seinen Gefühlen überrollen lassen zu müssen.

7.2 In den Alltag hineinwirken

Eine besondere Übung ist die Zauberübung, weil sie meiner Erfahrung nach so variiert werden kann, dass sie für alle Problematiken nützlich ist. Und sie ist ganz einfach. Ich bitte den Patienten, nachdem er seinen Konflikt geschildert hat, sich vorzustellen, er wüsste die Lösung. Das kann sehr unterschiedliche Bereiche betreffen, zum Beispiel: zu wissen, was in bestimmten Situationen zu sagen oder wie sich zu verhalten ist, sich auf besondere Weise selbst zu fühlen, bestimmte, unangenehme Gefühle gegen andere einfach auszutauschen. Ich erkläre den Ablauf an einem Beispiel:

> Herr S., ein engagierter Sozialpädagoge, erzählt immer wieder, dass er all seine Sicherheit verlöre, wenn er mit erfahrenen Kolleginnen ins Gespräch käme. Dabei wisse er genau, dass diese in ihrem Beruf nicht unbedingt besser wären als er, sie seien oft verhärtet und empathielos. Trotzdem fühle er sich klein und dumm und oft den Tränen nah. Wir arbeiteten aufdeckend und stellten eine massive negative Mutterübertragung fest. Das änderte wenig an seinem Gefühl. Zur Unterstützung schlug ich ihm diese Übung vor, die auch als Zauberübung bekannt ist.

Übung: Eine Fee ist gekommen

> »Malen Sie sich aus, wie Sie sich fühlen möchten, wenn Sie einer Kollegin begegnen. Stellen Sie sich das ganz genau vor, Ihre Körperhaltung, Ihre Hände, Ihre Stimme. Am besten, Sie üben innerlich mit einer konkreten Kollegin, mit der, die Sie am wenigsten verunsichert.« So führte ich die Übung ein. Nach einer Weile konnte Herr S. sich (im geschützten Raum der Praxis) so fühlen. Dann ging es weiter: »Stellen Sie sich vor, eine gute Fee ist gekommen, die Ihnen den Wunsch erfüllt. Sie sind gar nicht mehr unsicher, sondern sich Ihrer Kompetenz bewusst.«

Der Auftrag an ihn war, sich zu Hause immer wieder dieses Gefühl zu vergegenwärtigen, diese Sicherheit, Ruhe und die Gewissheit seiner beruflichen Kompetenz. Ein ganzes Wochenende lang. Im zweiten Schritt ging es dann darum, sich am Arbeitsplatz so zu fühlen, mindestens für einen halben Tag. In den Therapiestunden wurde das Gefühl ab und zu wieder gestärkt. Das So-tun-als-ob kann zu einer realen Haltung werden!

Eine weitere Unterstützungsmöglichkeit ist es, dieses Gefühl zu verankern, eine Technik der Traumapsychotherapie und dem Neurolinguistisches Programmieren (NLP). Obwohl NLP in der Psychologie sehr umstritten ist, halte ich seine Technik des Verankerns für ausgesprochen wirkungsvoll.

Übung: Ein Gefühl verankern

Wenn wir uns ein gutes Gefühl erobert haben, möchten wir, dass es bleibt oder schnell wiederkommt. Eine Möglichkeit, diese Wiederholung zu unterstützen, ist es, das Gefühl im Körper zu verankern. Wenn es da ist oder wir es produziert haben, stellen wir in ganz entspanntem Zustand fest, an welcher Stelle im Körper es am deutlichsten wahrzunehmen ist. Man legt dann die Hand an diese Stelle. In der Regel entsteht dabei eine Geste, die alltäglich ist und auch in der Öffentlichkeit gezeigt werden kann. Diese Verankerung muss allerdings vielmals geübt werden. Dann wird es möglich sein, das Gefühl zu erwecken, wenn wir es in einer bestimmten Situation brauchen. Manchmal ist es sicherer, die Verankerung an einem Gegenstand vorzunehmen:

Übung: Der aufgeladene Stein

Ich stelle dem Patienten eine Auswahl an kleinen Steinen zur Verfügung, Kieselsteine oder Halbedelsteine. Er wählt einen Stein aus, entspannt sich, erzeugt ein Gefühl von dem, was er sich wünscht: Ruhe, Mut oder Gelassenheit. Dann stellt er sich vor, bei jedem Ausatmen den Stein mit diesem Gefühl zu füllen wie einen Akku. In der Situation, die ihn ängstigt, kann er diesen Stein in die Hand nehmen oder in der Hosentasche berühren.

Natürlich muss ein Akku manchmal nachgeladen werden.

7.3 Katathymes Bildererleben oder Was wäre Frau X. für eine Pflanze?

Erinnern Sie sich an das Spiel, in dem es darum geht, Menschen zu symbolisieren: in einer Pflanze, einem Tier, einem Gebäude oder einem Gewässer? In der Kinderpsychotherapie lässt man manchmal die Familie als Tiere malen. Das sagt viel darüber aus, wie das Kind seine Familie erlebt. Lässt man einen Menschen sich selbst in dieser Form beschreiben und ihn dann dazu assoziieren, bekommt man einen guten Eindruck von seinem Selbstbild, seiner Selbstwahrnehmung. Probieren Sie es gern einmal mit Ihren Patienten. Und es macht richtig Spaß, wenn die Patientin auch Sie in diesen Bildern beschreiben darf. Sie bekommen dann nicht nur ein Bild davon, wie Sie auf die Patientin wirken, sondern erfahren damit manches Neue über sich selbst.

Die Idee dieser Art von Symbolisierung liegt auch dem Katathym-Imaginären Bildererleben zugrunde, einer Methode, die der Psychiater und Psychotherapeut Hanscarl Leuner (1970) nach Experimenten mit der therapeutischen Wirkung von Imagination in den 50er Jahren des letzten Jahrhunderts entwickelt hat. In die tiefenpsychologisch fundierte Psychotherapie kann dieses Verfahren wunderbar integriert werden. Die gesamte Theorie und Technik sind relativ umfangreich, aber Elemente der Grundstufe können leicht angewendet werden. Die Psychotherapeutin Gina Kästele (2014) gibt einen Überblick über die unterschiedlichen Motive, die eingesetzt werden und was sie aussagen können. Diese sind Wiese, Fluss, Berg und Haus in der Grundstufe. Dabei steht die Wiese für die aktuelle Stimmung des Patienten, der Fluss eher für die grundsätzliche Gefühlslage, ein Berg symbolisiert das Thema (berufliche) Leistung und das Haus die eigene Person.

Das klingt vielleicht ein bisschen deterministisch, es bleibt aber spannend, wie sich ein Patient in den vorgegebenen Bildern zurechtfindet. Manche von Kästele vorgeschlagene Deutung klingt durchaus einleuchtend: Ab und zu stehen uns Aufgaben bevor, die zu erledigen sind, wie das Besteigen eines Berges. Hat der Patient Lust am Bergsteigen?

Mit der Beantwortung und Bearbeitung dieser Fragen erhalten wir diagnostisches und biografisches Material, dass bei der weiteren Behandlung hilfreich ist. Und wir verstehen, dass die Lösung für ihre Probleme immer schon in den Patientinnen liegt. Wir helfen nur beim Finden.

7.4 Lösungen entwerfen

Die Imagination kann eine heilsame Kraft sein. Mit ihr können wir einen Zugang zu unserem Inneren, den Wünschen und Ressourcen finden und vielleicht einen Kontakt zur ursprünglichen Intuition herstellen. Dazu braucht es einen anleitenden Text, den Sie dem Patienten vorsprechen können. Wie beim Märchenerzählen versuche ich, bei einer Wiederholung einen identischen Wortlaut zu verwenden.

Ist die oft eingefrorene Fantasie ein Stück befreit, kann man sie sich gut weiterhin zu Nutze machen, um Lebensprobleme zu lösen, Ziele zu erreichen, Wünsche zu erfüllen, jedenfalls erst einmal in Gedanken. Vergessen wir nicht: Wie der Patient sein Leben gestaltet, ist seine Sache, auch, wenn er von all seinen wunderbaren Ideen keine in die Realität umsetzt. Immerhin, so sagt Schoenacker: »Sobald du anfängst, in Zielen zu denken, wirst du eine handelnde Person, nicht Opfer, sondern Gestalter.« (2016, S. 79).

Die folgende Übung fängt beim imaginären Gestalten an und kann dann zur Planung führen.

Übung: Wie will ich sein, wie will ich mich fühlen

Diese Übung ist eine Fortsetzung der Wunsch-Ich-Übung (▶ Kap. 3.5). Sie ist geeignet für Patienten, die sich gerade in einer Krise oder vor einer Entscheidung befinden. Vor der Übung wird vereinbart, dass der Patient Ihnen ein Zeichen gibt, wenn er vor seinem inneren Auge sieht, was Sie ihm vorgeschlagen haben. Nach einer Tiefenentspannung leiten Sie die Übung an: »Stellen Sie sich vor, wir haben einen Tag in der Zukunft«, an dieser Stelle denke ich mir ein Datum, das ziemlich genau um 4 bis 5 Jahre in der Zukunft liegt. »Sie erwachen an einem hellen Morgen. Sehen Sie sich im Raum um, er kommt Ihnen neu vor. Nehmen Sie sich dazu Zeit.« Nach dem Zeichen des Patienten fahren Sie fort: »Sie wandern durch Ihre Wohnung oder Ihr Haus. Es ist schön hier, die Einrichtung ist ganz nach Ihrem Geschmack. Leben Sie allein hier oder ist noch jemand da? Wenn ja, wer lebt mit Ihnen zusammen?« Sie lassen den Patienten sich sein ganzes Leben beschreiben, Familie, Freunde, eigene Befindlichkeit, Arbeit usw. Es ist auch möglich, diese Übung in mehreren Sitzungen in Etappen durchzuführen.

Den Inhalt dieser Übung muss der Patient nicht detailliert schildern, das könnte zu Beschämung und damit zu einer neuen Zensur führen. Zur Nachbesprechung eignen sich folgende Fragen:

- Was ist in dem Bild anders als heute?
- Auf was haben Sie verzichtet?
- Was haben Sie gewonnen?
- Welche Ziele sind erreicht?
- Welche Kräfte (Ressourcen) konnten Sie für diese Ziele aktivieren?
- Welche Hilfen haben Sie angeboten bekommen – und angenommen?
- Wo haben Sie um Hilfe gebeten – und sie bekommen?

Wenn der Patient möchte, kann er einen (kleinschrittigen) Plan erarbeiten, sein Ziel zu erreichen. Anders als in der obigen Übung wäre es dann wichtig, ein konkretes Ziel zu formulieren. Dieser Plan wird außerhalb der Therapiezeit erstellt, er kann in der Sitzung vorgetragen werden, wenn der Patient noch Ihre empathische Begleitung braucht.

Bei den oben aufgezählten Fragen sind die beiden letzten von besonderer Bedeutung. Ihre Beantwortung macht deutlich, ob und wie der Patient sich zwischen den Menschen aufgehoben fühlt, wie viel Vertrauen er hat. Das führt uns wiederum zum Thema der Dankbarkeit. Dazu die letzte Übung in diesem Abschnitt:

Übung: Alle meine Helfer

Manche Menschen sträuben sich gegen etwas, was sie Abhängigkeit nennen. Das führt zu Schwierigkeiten in Beziehungen oder darin, um dringend benötigte Unterstützung zu bitten. Hier braucht es ein wenig Psychoedukation, wie die maligne Abhängigkeit von der normal-menschlichen Abhängigkeit zu unterscheiden ist. Ein Patient kann sich an Abhängigkeiten erinnern und auch an Hilfen, die er bekommen hat, von Eltern, Großeltern, Freunden, Lehrern, auch aktuell von der Therapeutin. Ich schlage ein Fest vor, dass der Patient für alle Helfer gibt. Er versammelt sie in seiner Fantasie um einen großen Tisch, sieht sich jeden einzelnen Gast genau an und formuliert einen Satz wie: »Liebe Großmutter, ich bedanke mich bei dir, weil du immer das Essen gekocht hast, dass ich besonders gern mochte.« – Und so findet er einen Satz für jeden einzelnen der anwesenden Helfer.

Eine Variante dieser Übung finden Sie in dem Abschnitt über die Arbeit mit den Ego-States (▶ Kap. 4.4 Viele Helfer), die außerordentlich heilsam ist. Sie stellt den hier beschriebenen äußeren Helfern die inneren Helfer gegenüber.

8

Seele auf Papier

> »Und wenn der Mensch in seiner Qual verstummt, gab mir ein Gott zu ~~sagen~~ schreiben, was ich leide.«
> Frei nach Johann Wolfgang von Goethe (1749–1832)

Goethes Vers war lange Programm in meiner therapeutischen Arbeit, entsprechend meiner psychoanalytischen Grundeinstellung aus Studium und Fortbildung. Schnell wurde mir deutlich, dass nicht alle Menschen einfach sprechen können, wenn es um ihren Schmerz, ihre Wut oder ihre Ratlosigkeit geht. Die Körpertherapie nach Alexander Lowen erweiterte die Möglichkeiten der Patienten, sich auszudrücken. Nachdem mir die Möglichkeiten der Körpertherapie nicht mehr ausreichend erschienen, suchte ich nach anderen Interventionsmöglichkeiten. Eine davon war das Schreiben. Erstaunlicherweise gelingt der schriftliche Ausdruck auch Menschen, die sich verbal nicht so gut äußern können. Am rührendsten sind die Briefe einer (fast) wortlosen Patientin, oft als Mail geschrieben. Frau L. konnte diese Form der (Selbst-)Heilung gut nutzen, nach dem sie sich viele Sitzungen lang hauptsächlich nach einer Zigarette sehnte, (Fallbericht ▶ Kap. 8.2).

Für das Schreiben als Methode zur Entwicklung von Kreativität, zum besseren Verständnis der eigenen Person oder als Biografiearbeit gibt es viele Angebote. Auch Versuche, literarisch Probleme zu bewältigen, Konflikte zu lösen oder Leiden einen Sinn zu geben, gibt es viele. Sie sind sehr verschieden, oft historisch sehr wertvoll. Immer aber bieten sie Einblicke in Innenwelten, wie wir sie sonst nur aus der Therapie kennen. Als Beispiele nenne ich nur: Oskar Maria Graf: *Das Leben meiner Mutter*, Fritz Zorn: *Mars*, Claire Goll: *Ich verzeihe keinem*, Thomas Bernhard: *Ein Kind*, Franz Kafka: *Brief an den Vater*.

Einige Menschen drücken sich leichter über das Schreiben aus als über das Sprechen. Die Idee, einen Brief zu schreiben, kommt in der Therapiepraxis häufig auf. Ein nicht abgesendeter Brief bietet die Möglichkeit, Gefühle unzensiert auszudrücken – gegenüber Ehepartnern, Eltern, Chefs oder auch den eigenen Kindern – ohne mit den heftigen Gefühlen Schaden anzurichten. Natürlich werden auf diesem Weg keine realen Konflikte gelöst, aber das Schreiben bietet eine wichtige Unterstützung bei der inneren Klärung. Das kann in vielfältiger Form geschehen, punktuell oder sich auch prozessbegleitend während der Therapie fortsetzen.

Briefe schreiben zu lassen, war schon lange eine Technik in der Therapie, besonders im Rahmen der (auch im therapeutischen Sinn) wilden 70er und 80er Jahre. Diese Briefe spiegelten Verletzung, Enttäuschung und Wut und waren voller Vorwürfe – und blieben unbeantwortet. Und damit lösten sie nichts, sie wirkten eher kontraproduktiv, stabilisierten negative Gefühle, kurz, es waren Retraumatisierungen. Ich habe nach alternativen Formen gesucht, um mit Briefen einen Heilungsprozess einzuleiten und begleiten.

8.1 Ich schreib dir einen Brief

Mich hat die Idee fasziniert, psychische Prozesse in Briefe zu fassen und Gefühle schriftlich auszudrücken. Als konkrete Technik sind Briefe therapeutisch äußerst unterstützend. Das erste Beispiel las ich in Kopps Buch (1985, S. 47ff.). Kopp ließ eine Patientin einen Brief an ihre Mutter schreiben, dann einen Brief, wie ihn die reale Mutter als Antwort schicken würde – falls sie überhaupt antwortete. Es gab noch einen dritten Brief, in dem die imaginäre Mutter so antwortete, wie es sich die Patientin wünschte. Diese drei Briefe habe ich um weitere zwei ergänzt. Sie können über lange

Zeit in der Therapie immer wieder eine Rolle spielen. Deshalb fange ich mit der Technik der fünf Briefe an, um die Seele auf Papier zu bringen.

Ich bleibe hier der Einfachheit halber bei Briefen an die Mutter. Empfänger können auch Vater, Großmutter, mobbende Mitschüler oder gehässige Lehrer sein. Je älter die Erfahrung ist, die bearbeitet werden soll, desto hilfreicher ist es, die Technik des Briefeschreibens zu anzuwenden. Nachdem die Patientin ihre Erfahrung erzählt hat, manchmal fast ohne Emotionen, scheint das Thema abgeschlossen. Vielen Menschen ist es zu schwierig, sich die alten Gefühle zu vergegenwärtigen. Die Arbeit an und mit den Briefen dokumentiert gleichzeitig den Prozess der Heilung.

Anmerkung: Der Inhalt der Briefe, Empfänger und Thema, wird vorher verabredet – und bleibt auch im Laufe der Arbeit derselbe. Gegebenenfalls kann eine weitere Serie angefügt werden. Themen können sowohl eine grundsätzliche Anklage sein als auch ein konkreter, unbearbeiteter Konflikt, eine kränkende Bemerkung etc.

Der erste Brief

Dies ist der unzensierte, gefühlvolle Brief des verletzten Kindes. Darin darf es alle Gefühle, Schmerzen, Sehnsüchte, Ängste und Aggressionen ausdrücken. Dabei muss deutlich werden, dass dies in einem geschützten Raum geschieht und dass keinerlei Sanktionen zu erwarten sind. Endlich werden die kindlichen Gefühle und schmerzhaften Erfahrungen anerkannt, gewürdigt. Auch der Zeitpunkt, an dem der Brief geschrieben wird, ist wichtig. Ist die Patientin stabil genug? Die Therapeutin stützt – und nimmt diesen Brief gleichsam in Empfang. Wenn möglich behält sie ihn auch in der Praxis. Sie containt alle Gefühle der Patientin, stellt dabei auch gleichzeitig den Realitätsbezug her: »Wie alt waren Sie, als Sie diese Gefühle hatten? Das Briefschreiben hat die Gefühle aktualisiert. Was ist heute trotzdem anders?«

Der zweite Brief

Nun folgt der Antwortbrief der Mutter, so wie diese damals real geantwortet hätte. Hier wird noch einmal das ganze Drama deutlich: Das Anliegen des Kindes war unerhört, ja sogar unerhörbar. Dieser Brief, von der Patientin geschrieben, spiegelt noch einmal die ganze Lieblosigkeit, die ihr begegnet ist. Das ist manchmal nötig zur psychischen Rechtfertigung des ersten Briefes und der darin enthaltenen Gefühle. Und es geht nur um die Gefühle des Kindes, so, wie die Patientin sie erinnert. Manche Menschen sagen hier: »Ich weiß nicht, ob das alles wirklich so war, vielleicht tu ich ihr ja Unrecht.« Ich antworte dann: »Wir stehen nicht vor Gericht, bleiben Sie einfach dabei, wie Sie sich gefühlt haben.«

Auch dieser Brief muss gut bewahrt werden, die Patientin sollte ihn nicht immer wieder lesen. Am besten verbleibt er bei Ihren Unterlagen. Am Ende der Therapie ist es sinnvoll, ein Ritual für den weiteren Umgang mit diesen beiden Briefen zu finden. Wir können ihn verbrennen, die Patientin kann ihn in einen Stein wickeln und im Fluss versenken. Es gibt viele Möglichkeiten – und anschließend macht es Spaß, darüber zu reden, warum sie ihre Möglichkeit gewählt hat.

Der dritte Brief

Nun schreibt die Mutter einen Brief, wie die Patientin ihn sich wünscht. Sie erklärt und entschuldigt sich, findet akzeptierende Worte für die Gefühle ihres Kindes. Sie kann auch über ihre positiven Gefühle zu ihrem Kind sprechen. Dabei gilt es, der Patientin deutlich zu machen, dass all diese tröstenden und heilsamen Worte ihre eigenen sind. Behutsam wird sie darauf aufmerksam gemacht, dass die liebevolle Mutter, die sie mit dem Brief entworfen hat, sie selbst sein kann. Außerdem sehen wir auf mütterliche Anteile in den Alltagsbeziehungen, in denen die Patientin lebt. Das bedeutet, sie hat schon liebevolle Anteile, mit denen sie sich selbst Gutes tun kann. Es kann Therapiesituationen, wie ich sie unten beschreibe, geben, in denen es sinnvoll ist, ausschließlich diesen Brief schreiben zu lassen.

Der vierte Brief

Oft ist mit dem dritten Brief nicht erreicht, dass die Patientin sich von ihren kindlichen Wünschen verabschieden kann. Sie entwickelt einen Widerstand, die ganze Verantwortung für sich selbst allein zu übernehmen. Die imaginäre Person, die gute Mutter, die den dritten Brief schrieb, wird noch identifiziert mit dem begehrten realen Objekt, was weiteren Enttäuschungen die Tür öffnet. Deshalb habe ich dem Prozess der drei Briefe zwei weitere hinzugefügt:

Im vierten Brief schreibt die Patientin nun selbst, als Erwachsene, einen Brief an das verzweifelte, wütende Kind des ersten Briefes. Ähnlichkeiten sind erwünscht! So entsteht ein Gefühl dafür, selbst dieses versorgende Objekt sein zu können: der verständnisvolle Elternteil, der in der Kindheit gefehlt hat. Gleichzeitig ist es hier möglich, sich bei diesem Kind zu bedanken. Schließlich hat es Mittel und Wege gefunden, um alle Schwierigkeiten zu überstehen, sonst säße die erwachsene Patientin nicht bei Ihnen im Therapieraum. Dabei gilt es, die positiven Eigenschaften des Kindes zu benennen, seine Fantasie, seine Stärke, seine Liebesfähigkeit usw.

Der fünfte und letzte Brief

Manchmal hatten Patienten das Gefühl, es fehle ein Abschluss, vielleicht haben sich auch emotionalen Reaktionen verschoben: Statt Wut, Schmerz, Enttäuschung zeigen sich Schuldgefühle, die Fantasie, die Eltern im Stich zu lassen, sogar, ihnen fälschlich Vorwürfe gemacht zu haben.- Häufig ist die Treue zu den Eltern ein Grund der starken Widerstände unserer Patienten gegen positive Veränderungen. Die Eltern können weiterhin unglücklich bleiben – die Patientin gibt es auf, dafür verantwortlich zu sein.

Mit dem fünften Brief lässt sich der Prozess folgendermaßen weiterführen oder in einem bestimmten Konfliktpunkt sogar abschließen. Dasselbe gute Objekt, Teil des Erwachsenen-Ich aus dem 4. Brief schreibt einen Brief an die Mutter (des 3. Briefes). In diesem Brief wird freundlich auf die Motive und Geschichte der Eltern eingegangen, die zum Leid in der Beziehung zu ihrem Kind geführt haben. Die Positionen beider Parteien werden verständnisvoll und ohne Vorwürfe einander gegenübergestellt. Dabei muss nichts schöngeredet oder »verziehen« werden. Dieser »Lösungsbrief« (als Indikator für den Grad der Verarbeitung) wird geschrieben vom jetzigen Erwachsenen an die Eltern von damals.

Patienten berichteten, dass nach dem 4. Brief in ihnen eine Beruhigung stattgefunden habe, manche erzählten auch, dass sich ihr Verhältnis zu der beschuldigten Personen nach dem 4. Brief real verbessert habe, so kann der Prozess mit dem 5. Brief weitgehend abgeschlossen werden.

Manchmal fällt es Patienten, besonders solchen mit Traumafolgestörungen, schwer, die Briefe in der oben beschriebenen Reihenfolge zu schreiben. Die Briefe 1 und 2 können eine Retraumatisierung hervorrufen. Dann ist es sinnvoll, zur Stabilisierung erst den traumatisierten *Ich*-Anteil (das innere Kind) zu beruhigen, in dem man ihm versichert, dass es gut beschützt sei. Es ist auch möglich, dass die Therapeutin diese Aufgabe übernimmt und zur Beruhigung der Patientin den 3. Brief schreibt. Dabei muss natürlich ganz behutsam vorgegangen werden, um der Patientin den Zugang zu dieser Idee zu erleichtern. Es reichen wenige, kurze freundliche Sätze, denen sich ein Gespräch darüber anschließen kann, was noch in dem Brief stehen könnte. Diese Arbeit ist bei sehr schwer traumatisierten Patienten oft ein guter Einstieg in eine tiefere Auseinandersetzung mit dem Trauma. Und der Therapeutin ermöglicht dies einen Einblick in seine Verarbeitungsfähigkeit und/oder Veränderungsbereitschaft.

8.2 Fallgeschichte: Sehr geehrte Frau R. – Liebe Beate

Besonders intensiv ist mir die therapeutische Arbeit mit Beate L. in Erinnerung, die mit starken Ängsten (und sehr aggressivem Abwehrverhalten) auf Empfehlung des Jugendamtes gekommen war. Sie kämpfte gerade darum, dass ihr kleiner Sohn wieder bei ihr leben durfte. Dieser war bei einer Pflegefamilie untergebracht worden, weil Frau L. ihn manchmal nachts alleingelassen hatte. Die junge Frau saß viele Stunden (fast) schweigend da und sehnte sich nach einer Zigarette. Sie hatte während der Anamnese ausführlich ihre Lebensgeschichte erzählt – nun wartete sie auf Heilung bzw. darauf, dass ich ihr bescheinigte, sie sei in der Lage, sich um ihren Sohn zu kümmern.

Die schrecklichen Ereignisse ihrer Kindheit hatte sie ohne Gefühlsregungen erzählen können. Dann verschloss sie sich. Daran, den Brief mit der Anklage an Mutter oder Stiefvater zu schreiben, war nicht zu denken. Langsam lernte sie zu erkennen, welcher Schmerz sich hinter ihrer Wut und den vielen Impulsdurchbrüchen versteckte. Unsere Arbeit mit den Briefen begann mit dem 3. Brief, den ich an das Kind von damals schrieb. Mit wenigen undramatischen Worten erklärte ich der kleinen Beate, wie sie sich durch ihr *Bösesein* – später, als junge Erwachsene, durch ihre Ironie und ihren Sarkasmus – geschützt hatte. Vielleicht sei es ja heute nicht mehr nötig, sich zu schützen, weil das jetzt die erwachsene Beate übernehmen könnte.

Beate setzte sich mit meinem Brief auseinander. Dann wollte sie selbst etwas schreiben. Und es entstand folgender, an mich gerichteter Text, in dem sie sich und mir noch einmal erklärte, warum sie so geworden sei. Sie sprach dabei über das Kind von damals in der 3. Person:

»Hallo! Die Kleine hat Mist gebaut, um zu zeigen, dass sie da ist, auch, wenn sie dafür Schläge bekommt. Irgendwann hat sie aufgegeben, ihre Mutter hat sie zu oft alleingelassen. Sie hat gelernt, dass sie alleine ist und für sich selbst sorgen muss. Gefühle sind Schwäche, sie tun nur weh, deshalb zeigt sie keine mehr. Aber das schadet jetzt ihrem Kind. – Es ist schwer, da wieder herauszukommen.«

Wir haben uns noch eine Zeit lang mit diesem Kind beschäftigt, das scheinbar böse, in Wirklichkeit aber einsam, traurig, ängstlich und verzweifelt war. Und natürlich oft zu Recht auch wütend. Dann schrieb sie folgenden Brief, der dem 4. Brief meines Systems entspricht:

»Hallo, meine Kleine! Ich bin's nach langer Zeit. Ich möchte Dir als erstes etwas Mut machen, es wird irgendwann besser! Du machst das alles wirklich gut. Ich weiß, dass es schwer ist. Aber ich bin für Dich da. Ich lass nicht zu, dass uns noch einmal jemand wehtut. Du bist in Sicherheit, das haben wir zwei zumindest geschafft. Du bist stärker als Du denkst. Genieß die Ruhe und Geborgenheit bei Oma Gabi und Tante Petra.«

Im letzten Satz deuten sich auch sichere Orte an, die es damals gab. An der Stelle konnten wir weiterarbeiten und uns auch den Tätern und den Traumata stellen. Jetzt konnte Beate den 1. Brief schreiben, voller Hass, Wut und Rachegefühle. Er war sehr lang... Hier ergab sich die Möglichkeit, ihren aktuellen aggressiven Habitus mit ihrer Geschichte in Verbindung zu bringen und sich langsam von der Vergangenheit zu lösen. Nach einer Weile nahm Beate ihre Ausbildung wieder auf, ihr Sohn blieb in der Tagespflege, hatte aber seinen Lebensmittelpunkt wieder bei ihr. Auch eine Wiederannäherung an ihre Mutter hatte sich inzwischen ergeben.

8.3   Briefe für viele Lebenslagen

In realen Auseinandersetzungen des Alltags (Freunde, Vermieter etc.) eignet sich folgende Technik, die dem oben beschriebenen Verfahren ansatzweise entspricht. In einem zweiten Arbeitsschritt werden die aggressiven, verletzten und verletzenden Anteile herausgenommen. Diese gehören in die Therapie, nicht zum Chef oder Vermieter. Dazu führe ich manchmal kurz in die Technik der gewaltfreien Kommunikation ein. Natürlich haben auch erwachsene Menschen Gefühle, allerdings brauchen sie eine Form des angemessenen Ausdrucks. Ich kann zum Beispiel enttäuscht und ärgerlich sein, dass eine Kollegin bei einer Beförderung vorgezogen worden ist, obwohl ich bei besserer Qualifikation und gleichlanger Betriebszugehörigkeit längst die gehobenere Position verdient hätte. Das kann ich dem Chef so mitteilen und um ein Gespräch bitten, allerdings ohne ihn einen ungerechten Blödmann zu nennen.

Übung: Zwei Briefe an den Chef

Der erste Brief wird aus der Perspektive des verletzten Kindes geschrieben. Er kann unzensierte Gefühle wie Wut, Empfinden von Ungerechtigkeit, Demütigung, Scham usw. enthalten. Alles, was dieser Brief enthält und über das hinausgeht, was der Situation und Beziehung angemessen scheint, ist Thema für die Therapie. Dieser Brief gibt noch einmal diagnostische, psychodynamische vertiefende Hinweise auf die sozialen Probleme der Patientin und kann die Therapie bereichern.

Im zweiten Brief werden dann in kurzer, sachlicher Form (»Ich-Botschaften«) Gefühle geäußert und Wünsche formuliert. Diese beiden Briefe kann der Therapeut vorlesen, um den Unterschied deutlich werden zu lassen. (Der Patient möge dabei mit den Ohren des Empfängers hören, wenn ihm das möglich ist.) Den zweiten Brief können wir nach der Arbeit damit zum Abschicken *freigegeben*. Diese Arbeit ist wichtig, weil sich hier oft noch subtile oder offene (kindliche) Aggressionen verbergen. So kann der Patient wahrnehmen, warum seine Wünsche oft nicht erfüllt, seine Ansprüche nicht befriedigt und Vorschläge oft nicht wahrgenommen werden: Er äußert sich aus der Perspektive des verletzten, wütenden Kindes. Er kann gleichzeitig ein Gefühl dafür bekommen, wie die Probleme entstanden sind, und dass es auch Eigenanteile gibt. In der durch die Therapeutin unterstützten Auseinandersetzung stärkt der Patient seine sozialen Fähigkeiten, seinen Glauben an seine Selbstwirksamkeit und Spaß kann es auch machen, besonders die Arbeit an und mit dem ersten Brief kann schon eine Menge Gefühlsklarheit und -entlastung bewirken.

8.4 Liebesbriefe – Ein bunter Garten

Liebesbriefe sind eine in Therapie und im echten Leben viel zu wenig genutzte Form, eigene Gefühle zu entdecken, zu verstehen – und zu genießen. Ebenso wie Trauer und Wut sollten positive Gefühle einen Raum einnehmen, Gefühle wie Zuneigung, Freude und besonders Dankbarkeit. Dieser Teil der Psychoedukation ist besonders wichtig für Patienten, die sich sehr über ihr Leid definieren und unsicher sind: Wer bin ich ohne meine Probleme? Außerdem sind wir alle eher gewohnt, Negatives zu bemerken und abzuspeichern. Das ist eine archaische Hirnfunktion, die uns in der Steinzeit vor Gefahren geschützt hat. Und nach diesem Muster gestalten wir häufig unsere sozialen Kontakte. Stellen Sie sich zwei gute Bekannte vor, die sich treffen. A fragt: »Wie geht es dir?« B antwortet: »Gut. Und dir?« »Gut.« – Und das Gespräch ist zu Ende. Antwortet B allerdings auf die einleitende Frage: »Mir geht es schlecht«, setzt A nach: »Was ist passiert? Erzähl mal!«

Genau diese Fragen kann man auch jemanden stellen, dem es gerade gut geht. Gute Gefühle zu finden und zu pflegen, ist eine wichtige Arbeit in der Psychotherapie. Die folgenden Brieftechniken können dazu beitragen.

Liebesbrief an die eigene Person

Eine gute Übung für den Selbstausdruck, zur Steigerung des Selbstwertgefühls und zur Unterstützung einer gesunden Selbstannahme kann auch ein Liebesbrief an sich selbst sein. Dazu können wir verschiedene Herangehensweisen wählen, da es den meisten Patienten schwerfällt, sich selbst mit liebevollen Augen anzusehen. Ursächlich beteiligt daran ist das weit verbreitete Verbot des Eigenlobs, das angeblich stinkt. – Dabei macht es glücklich und gesund und stinkt höchstens den anderen.

Der Brief von einer Person, die mich liebt

Der Patient versetzt sich in eine andere Person, die ihn liebt. Dabei kann es sich um eine reale Person handeln, deren Liebe er sich sicher ist. Es darf auch eine imaginäre Person sein, aus seinem früheren Leben (ein alter Schwarm) oder eine literarische Gestalt, die dem Patenten besonders sympathisch ist. Diese Person schreibt ihm nun einen Brief. Er drückt seine Bewunderung und seine Zuneigung aus, seine Sehnsucht, den Patienten besser kennenzulernen.

Tischrede auf einen wunderbaren Menschen

Die Patientin wird aufgefordert, sich selbst mit freundlichen, wohlwollenden Augen zu betrachten. Sie steht also wie eine Beobachterin neben sich und spricht über die guten, liebenswerten Seiten der eigenen Person, ihre Fähigkeiten ebenso wie ihr (noch) ungelebtes Potential. Sie schreibt diese Tischrede über sich, als sei sie eine dritte Person.

Tischrede auf sich selbst

Hier gehen wir noch einen Schritt weiter. Schreibende und beschriebene Person sind identisch. So lautet die Übungsanweisung für die Patientin: »Stellen Sie sich vor, Sie feiern ein großes Fest, eine Beförderung, einen runden Geburtstag, was auch immer. Sie bitten eine Freundin, eine Festrede auf Sie zu halten. Die Freundin ist sehr eingespannt und sagt: ›Ich will die Rede gerne halten, aber leider habe ich zu wenig Zeit, sie auch zu schreiben. Schreib du sie, und ich trage sie dann vor, als hätte ich sie selbst geschrieben.‹ Sie nehmen das Angebot an und schreiben eine Lobrede auf sich selbst. Keine Hemmungen, Sie müssen diese Rede nicht selbst halten, niemand weiß, dass Sie diese Rede geschrieben haben, deshalb kann Ihnen niemand übelriechendes Eigenlob vorwerfen.«

Liebesbrief an den realen Partner/die Partnerin

Natürlich ist es besonders stärkend für den Ausdruck von positiven Gefühlen, Liebesbriefe an andere Personen zu schreiben (besonders an langjährige Partner). Auch hier gilt die Voraussetzung, den Brief nicht abzuschicken. Es soll darin kein Konflikt besprochen und keine Enttäuschung geäußert werden. Die positiven, fast vergessenen Liebesgefühle werden neu belebt.

Diese Technik eignet sich gut für die Paartherapie, wenn es darum geht, wie die Partner sich an die Zeit ihrer ersten Liebe erinnern, daran, warum sie diese Beziehung eingegangen sind. Es ist möglich bei einem hochstrittigen oder sehr konfliktbeladenen Paar diese Briefe (die die Therapeutin aufbewahrt) zur Beruhigung und zur vorübergehenden Befriedung einzusetzen.

Lobrede auf den Partner

Eine andere Möglichkeit, Menschen an ihre positiven Gefühle für ihren Partner zu erinnern und sie (vielleicht auch nur) kurzzeitig wieder fühlbar zu machen, ist die Lobrede auf den Partner. Das funktioniert auch, wenn der Partner nicht anwesend ist. In Neuseeland ist es Sitte, dass der frisch getraute Ehemann eine solche Rede auf seine Frau hält. Er beschreibt, was er an ihr mag und warum er mit ihr zusammenbleiben will. Selbstverständlich ist es erlaubt, dass die Frau eine ebensolche Rede auf ihren Mann hält. In der Einzeltherapie denken wir uns, dass diese Rede für einen bevorstehenden Anlass geübt wird.

8.5 Therapeutische Briefe

Von Irvin Yalom stammt das Buch *Jeden Tag ein bisschen näher* (2001), in dem er eine Therapie beschreibt, die er mit einer Patientin in Form eines Briefromans führt – parallel zum herkömmlichen Setting. Es ist ein Experiment aus den 1970er Jahren, sehr mutig und voller Inspiration.

Auch heute schreibe ich manchmal an Patienten, allerdings nicht in der ausführlichen Weise wie Herr Yalom. Es gibt verschiedene Gründe zu schreiben:

1. Wenn Patienten mir nach beendeter Therapie schreiben, wie es ihnen geht, bedanke ich mich dafür. Schließlich interessieren mich diese Fortsetzungen.
2. Wenn eine Patientin ohne abzusagen mindestens zwei Stunden ausfallen lässt, schreibe ich einen Suchbrief. Ich gehe davon aus, dass sie sich nach ihren Versäumnissen nicht mehr traut, sich wieder zu melden. Ich schreibe, sie darf gern wiederkommen und biete ihr noch einen Termin an.
3. Ganz manchmal geschieht es, dass ich mir wirklich Sorgen um Patienten mache, von denen ich lange nichts gehört habe. Die Therapie war zu Ende, aber der Prozess nicht abgeschlossen. Man könnte diesen Brief eine katamnestische Erhebung nennen.

In allen drei Fällen kann es sein, dass ich keine Antwort bekomme. Der Patient weiß dann wenigsten, dass ich nicht mit Groll an ihn denke.

Anmerkung: Zu Feinarbeit mit allen Briefen gehört Folgendes:
Alle Briefe sind Gegenstand der Arbeit in den Sitzungen. Das kann auch mit zeitlichem Abstand sein. Man kann mit unterschiedlichen Anreden experimentieren und damit, wer vorliest. Es klingt unterschiedlich und macht andere Gefühle, das Selbstgeschriebene mit der eigenen Stimme oder mit einer anderen zu hören.

Übergangsbriefe

Hilfreich ist es für Patienten, sich gegen Ende der Therapie unterstützende Briefe (vgl. Rohwetter, 2016, S.36ff.) zu schreiben. So ist es möglich, sich Erkenntnisse und Veränderungen, die im Therapieprozess entstanden sind, im Alltag wieder zu vergegenwärtigen und zu stabilisieren. Hier gibt es verschiedene Varianten (und manchmal erfinden die Patienten selbst welche dazu):

1. Der Brief wird aus dem Jetzt an das zukünftige Ich geschrieben (nach vorheriger Imaginationsübung). Das kann etwa so aussehen: »Liebes Ich-in-fünf-Jahren. Nun bist du einen langen Weg gegangen. Ich freue mich, dich kennen zu lernen. Du hattest noch einige Schwierigkeiten zu bewältigen...«
2. Der Brief des zukünftigen Ich an das jetzige Ich zur Aufmunterung etwa so: »Liebes Ich von 202x, nun hast du deine Therapie beendet. Du freust dich, und ein bisschen fürchtest du dich auch, weil... Aber ich sehe, dass du es geschafft hast, besonders, dass du dir einen wichtigen Wunsch erfüllt hast, nämlich...«
3. Diese Briefe kann die Patientin mit nach Hause nehmen, sich mit der Post schicken oder der Therapeutin dalassen, die sie ihr zu einer beliebigen oder vorher verabredeten Zeit zukommen lässt.
4. Die Patientin schreibt mehrere Karten mit wichtigen Sätzen aus den Therapiesitzungen. Wahlweise kann sie sich selbst diese Post zukommen lassen, einer Freundin geben oder die Therapeutin schickt sie ab. Diese Karten kommen dann unerwartet und stabilisieren den langfristigen Therapieerfolg.

In diesem Zusammenhang ist auch die Frage zu klären, ob die Patientin der Therapeutin nach der Therapie schreiben darf, ob sie mit Antwort rechnen kann – und wenn nicht, warum nicht.

8.6 Gefühle in Tabellen und Skalen

In der Traumatherapie ist es vor einer Traumakonfrontation üblich zu fragen: »Wenn Sie heute an das Erlebnis denken, wie stark sind dann Ihre (negativen) Gefühle?« Dabei gebe ich eine Skala vor. Eine 1 bedeutet: Das Gefühl ist nicht/kaum vorhanden. 5 heißt: Es ist stark, aber auszuhalten, bis hin zu 10: Es ist alles wieder da, ich glaube, ich muss sterben.
Anmerkung: Tauchen auf dieser Skala die Ziffern 8 – 10 auf, ist es kein Zeitpunkt für eine Traumakonfrontation, es braucht erst eine weitere Stabilisierung der Patientin.

Diese Zahlentechnik verwende ich in modifizierter Form bei Patienten, die wenig Zugang zu ihren Gefühlen haben, sie vielleicht noch nicht einmal benennen können. Ich denke da an eine ältere Patientin, Frau K., mit einem Asperger-Syndrom, deren Katze gestorben war. Diese Katze, ein ruhiges, liebevolles Tier, war seit vielen Jahren das einzige Lebewesen, das sie ohne Schwierigkeiten fast immer um sich haben konnte. Die Bedürfnisse der Katze waren maßgebend für die Strukturierung des Tagesablaufs der Patientin. Als ich die Patientin fragte, wie sie sich fühle, antwortete sie: »Weiß nicht, ...blöd.« An dieser Stelle führte ich folgende Übung ein:

Übung: Gefühle finden

Schlagen Sie Ihrer Patientin nacheinander Gefühle vor, die nach Ihrer Einschätzung zu dem Anlass passen. In meinem Beispiel waren das Ärger, Enttäuschung, Angst. Wut, Trauer, Erleichterung, Dankbarkeit und Mitleid. Nach jedem Vorschlag warten Sie, bis die Patientin sagen kann, ob sie das genannte Gefühl in sich wahrnehmen kann. Diese Patientin entschied sich für Wut, Trauer, Erleichterung und Dankbarkeit. Dann ließ ich sie ihre Gefühle gewichten – nach der oben beschriebenen Skala. Dafür brauchte sie sehr lange, und am Ende erhielt ich folgende kleine Tabelle:

Tab. 8.1: Die Stärke von Gefühlen

Name des Gefühls	Stärke
Wut	3,5
Trauer	7,8
Erleichterung	4,75
Dankbarkeit	5,15

Die Angaben waren sehr deutlich. Nachdem die Patientin ihre Gefühle identifiziert hatte, war es ein leichtes, sie ihrem Erleben zuzuordnen. Sie war wütend, weil sie sich von der Katze alleingelassen fühlte und damit wieder ihre große Einsamkeit wahrnehmen musste. Sie empfand Trauer, weil sie das Tier wirklich gerngehabt hatte und es schmerzlich vermisste. Sie empfand Erleichterung, weil die Pflege des sehr kranken Tieres aufwändig war und die Patientin vor allem deshalb sehr belastete, weil sie wegen der Katze viele Kontakte zu fremden Menschen haben musste. Erleichtert war sie allerdings auch darüber, dass das Tier von unangenehmen Behandlungen und starken Schmerzen befreit war. Dankbar war sie, weil das Tier seinen Todeszeitpunkt – nach ihrem Gefühl – selbst gewählt hatte und es ihr erspart geblieben war, entscheiden zu müssen, es einschläfern zu lassen.

Sie können sehen, wie ergiebig die Arbeit mit so einer kleinen Tabelle sein kann. Die Patientin kam so auch in Kontakt mit anderen Gefühlen wie Verantwortung und Mitgefühl, was sie vorher nicht hätte ausdrücken können. Wir haben mit dieser speziellen Tabelle vier Sitzungen verbracht. Diese Übung kann auch genutzt werden, um diffuse Gefühle zu klären. – Ich arbeite für mich selbst damit, wenn ich ein komisches Gefühl habe, schlechte Laune, irgendein Unbehagen verspüre.

Problemtabelle

Diese Technik ist ein Klassiker der VT, um Auslöser, Stärke, Häufigkeit von Symptomen festzustellen. Sie eignet sich aber auch für andere Verfahren und Themen, wie z. B. Kritiksucht (»rigides Über-Ich«), Scham- und Schuldgefühle. Mit Hilfe einer Tabelle können Gefühle und Urteile einer Realitätsprüfung unterzogen werden. Das hilft, Gefühle und Reaktionen zu relativieren und gegebenenfalls durch eine positive Sichtweise zu ersetzen. Mit der Übersichtlichkeit der Tabelle lässt sich in der Praxis gut arbeiten. Da es wichtig ist, die Einträge so schnell wie möglich nach Auftreten der Problematik zu machen, reichen Stichworte. Bei der Bearbeitung des Materials darf dann das ganze Erlebnis erzählt werden. Dabei lege ich immer einen großen Wert auf das positive Ende der Geschichte. (vgl. Rohwetter, 2020, S 46ff.)

Und so sehe die verschiedenen Spalten der Tabelle aus:

Tab. 8.2: Das gute Ende suchen

Datum, Uhrzeit	In welcher Situation befand ich mich (Erkennbarer Auslöser?)	Wie habe ich mich vor diesem Gefühl/dem Erlebnis gefühlt?	Wie stark war das unangenehme Gefühl: Skala von eins bis zehn?	Wie hat sich das Gefühl aufgelöst? Was habe ich dazu beigetragen?

8.7 Tagebücher und andere täglichen Übungen

Es ist nicht uninteressant, Patientinnen zu fragen, welche Bedeutung das Schreiben in ihrem Leben hat oder hatte. Da bietet sich ein Anknüpfungspunkt an alte Erfahrungen und Hilfen. Meine Freundin und Mitautorin zweier Bücher, Marlies Zollenkopf, beantwortete mir diese Frage »Was bedeutet Schreiben für mich?«:

> »Solange ich mich erinnern kann, war Schreiben wichtig für mich. Ich wollte Geschichten erzählen, erlebte und ausgedachte. Ich wünschte mir, dass andere Menschen meine Geschichten lesen würden. Sie könnten dann nicht einfach weggehen oder mich unterbrechen, was sie tun konnten, wenn ich die Geschichte erzählte.
>
> Auch ich habe sehr früh angefangen, Tagebuch zu schreiben. Ich schrieb alles auf, was ich erlebte, was mir gefiel oder nicht gefiel, ich kommentierte Bücher, die ich las und Filme, die ich sah. Das eine oder andere alte Tagebuch gibt es noch. Darin schreibe ich über Präsident Kennedy oder den Vietnamkrieg, über Rudi Dutschke und den Gemeindepastor und versuchte so, die Welt zu begreifen.
>
> Schreiben hat mir geholfen, Dinge zu verstehen und zu verarbeiten. Wenn ich über ganz großen Kummer schrieb, wurde er kleiner, erträglicher. Als meine Tochter starb, war ich stumm und starr. Wochenlang schrieb ich keine Zeile. Ich war damit beschäftigt, einen nächsten Tag zu überstehen. Dann fing ich an zu schreiben, schrieb mein Unglück auf, beklagte es, aber ich schrieb auch über die schönen Erlebnisse aus der Zeit, in der ich das Kind hatte. Langsam ging es mir besser. Das Schreiben hat mir die Tochter nicht wiedergegeben, aber es war für mich eine Möglichkeit, mit dem Verlust zu leben.
>
> Schreiben ordnet die Dinge in meinem Leben. Vieles, das ich beschrieben habe, kann ich zur Seite legen. Es ist erledigt. Schreiben ist auch Kontaktpflege für mich. Noch immer schreibe ich Briefe, Glückwunschkarten, melde mich bei alten Freunden, die ich nicht oft treffe. Schreibe eine Mail an die Söhne oder eine Postkarte.
>
> Wenn ich heute Geschichten, auch längere Texte schreibe, haben diese häufig autobiografische Anteile. Das, was ich erlebt habe, kann ich am besten beschreiben. Ich kann Erlebnisse verändern, etwas hinzufügen, den Dingen einen anderen Ausgang geben. Es bleibt trotzdem meine Geschichte.«

8.7 Tagebücher und andere täglichen Übungen

Von allen schriftlichen Techniken eigenen sich tägliche Übungen am besten, um kontinuierlich an gewissen Aspekten (Angst, Resignation, Wut) zu arbeiten, sie auszudrücken – ohne dass der Ausdruck Schaden anrichtet. Auch Menschen mit starken Affekthemmungen finden oft Freude an dieser Arbeit. Sie mildert das Gefühl von Hilflosigkeit und Ausgeliefertsein. In jedem Fall wird dem Patienten empfohlen, die Übung regelmäßig und an einem angenehmen Ort zu machen. Außerdem braucht es natürlich eine Resonanz in der Therapie. Vom Vorlesen bis zu kleinen Aufmerksamkeiten durch die Therapeutin, die zum Beispiel die Idee einer Illustration beisteuert, ist vieles denkbar.

Das Freudetagebuch

Dabei wird der (depressive oder traumatisierte) Patient angehalten, sich im Rahmen einer kleinen Zeremonie – möglichst jeden Abend zur gleichen Zeit – damit zu beschäftigen, was der vergangene Tag an positive Erfahrungen gebracht hat. Als hilfreich hat sich erwiesen, darüber zu sprechen, warum dem Unangenehmen im Leben so viel mehr Platz eingeräumt wird und dass gute Erfahrungen verstärkt werden müssen, damit sie sich auf unsere seelische Gesundheit heilend auswirken können. Die intensive Arbeit mit diesem Thema wirkt wie ein Serotonin-Wiederaufnahmehemmer, wenn die Ereignisse mit wieder erinnerbaren Bildern versehen werden. So kann das Tagebuch auch gestaltet werden – je mehr Gestaltung, umso näher rückt das Gefühl der Freude. Allerdings habe ich die Erfahrung gemacht, dass diese Form des Schreibens nicht für alle hilfreich ist. Patienten mit einer chronifizierten Traumafolgestörung äußern manchmal, sie fühlten sich wie Verräter, wenn sie dem Positiven so viel Raum gäben. Die Patienten können zwar rationalisieren: Dies war ein schöner Augenblick, aber das Gefühl stellt sich häufig nicht ein. Oft haben Traumapatienten Angst, das Leid von damals zu entwerten, wenn sie Freude empfinden. Kommt vielleicht eine traumainduzierte anhaltende Persönlichkeitsveränderung dazu, kann der Patient das, was in diesem Tagebuch stehen könnte, manchmal gar nicht wahrnehmen. Sollte er es doch wahrnehmen können, kann er die Freude trotzdem selten fühlen. Für diese Patienten eignet sich eher eine der anderen Formen, am leichtesten schreibt sich wohl das Grübelbuch.

Das Dankbarkeitsbuch

Obwohl das Freudetagebuch in der Stabilisierungsphase von Traumapatienten immer wieder eine große Rolle spielt, ist sein Erfolg eher begrenzt

(s. o.). Erfolgversprechender ist meiner Erfahrung nach das Dankbarkeitsbuch, auch, wenn es eine intensivere Arbeit erfordert, an diese Gefühle heranzukommen. Im Dankbarkeitsbuch werden Erinnerungen gesammelt an Menschen, Umstände oder Ereignisse, die geholfen haben zu überleben – in welcher Beziehung auch immer. Dankbarkeit ist ein Gefühl, das sich Traumapatienten sehr wohl gestatten können. Irgendetwas Gutes muss ihnen geschehen sein, sonst wären sie nicht da, wo sie in diesem Augenblick sind – in der Klinik, in der Praxis, kurz: in Sicherheit. Außerdem weicht das bei Traumapatienten oft fixierte Gefühl des Opferseins ein wenig auf.

Realistischerweise wird so ein Tagebuch nicht täglich geführt, sondern dann, wenn einem im Alltag etwas begegnet, für das man dankbar sein könnte. Oder eben, wenn alte Wohltaten erinnert werden, die einem geschehen sind. Oft erwischen wir eine solche Geschichte auch, wenn wir am Ende einer traurigen Erzählung den Patienten fragen: »Wie ist es ausgegangen?« Diese Frage ist dann wichtig, wenn die Geschichte häufig wiederholt wird.

Therapietagebuch

Manche Patienten machen sich während der Stunde Notizen, um wichtige Sätze/Erkenntnisse nicht zu vergessen. Das hat mich auf die Idee gebracht, dieses Verfahren zu vervollkommnen – zu einem Therapietagebuch. Viele Erkenntnisse bleiben rational – und sind flüchtig wie Träume. Ein Tagebuch kann beim Erinnern und verarbeiten sehr helfen. Dabei ist es (mir) wichtig, dass nicht alle Alltagserlebnisse und -ärgernisse oder Erinnerungen darin Platz finden. Dieses Buch ist der Therapie und dem inneren Wachsen gewidmet. So enthält das Buch auch Situationen, in denen die Patientin sich konstruktiver als üblich verhalten hat. Besonders hilfreich ist es, Gefühle, Bedenken und Widerstände, die in der Stunde nicht ausgedrückt worden sind, festzuhalten – und sie natürlich demnächst zu thematisieren. Sie können wichtigen Stoff für den Prozess liefern. Manchmal führen sie auch einfach bei der Patientin zu Erkenntnissen – und müssen nicht mehr angesprochen werden. Schließlich gibt es auch einen seelischen Prozess außerhalb der Therapie. Gut ist es auch, Träume in diesem Buch festzuhalten und das Ergebnis einer Traumbesprechung in der therapeutischen Sitzung.

Dieses Buch sollte regelmäßig geführt werden. Um das zu unterstützen, ist es hilfreich, mit dem Patienten ein passendes Setting zu besprechen. Die beste Idee finde ich, flugs nach der Therapiestunde einen ruhigen Ort (es darf auch ein Café sein) aufzusuchen. Wenige Sätze reichen.

Geschichten schreiben

Diese Übung eignet sich sehr für Personen mit großen Hemmungen in Gesellschaften. Diese Menschen denken von sich, dass andere immer selbstbewusst seien und so spannend erzählen könnten, sie selbst aber nichts zu sagen/zu erzählen haben. Die Therapeutin schlägt vor, ein Heft anzulegen, in das die Patientin möglichst oft eine Geschichte (ohne weitere Vorgabe) aus ihrem Leben aufschreibt. Dabei entsteht eine schöne Autobiografie und »etwas zu erzählen« für das nächste Fest. Und oft kommt auch Material zum Vorschein, mit dem in der Therapie weitergearbeitet werden kann.

Eine besondere Möglichkeit des Geschichtenschreibens ist die, der erlebten Geschichte ein anderes, positives Ende zu geben. Damit wird das Gefühl unterstützt, dass das Drama längst vorbei ist. Es existiert nun nur noch in der Fantasie der Patientin – und über ihre Erinnerung kann sie beliebig verfügen.

Geschichten von Gefühlen

Hier gehen wir auf die Suche nach den Gründen, warum bei machen Patienten der Affektausdruck so eingeschränkt ist. »Warum darf ich nicht wütend sein, ja, meine Wut nicht einmal selbst spüren – und sie auf keinen Fall zeigen?« Wie beim Geschichtenschreiben, schreibt die Patientin auf, sobald ihr eine Erinnerung kommt, in der das entsprechende Gefühl (Wut, Trauer, Angst) eine Rolle spielt. Natürlich kann es sich auch um angenehme Gefühle (Lebendigkeit) handeln, die nicht sein durften (weil die Mutter Kopfweh bekam, wenn das Kind laut und »albern« war). Wie wurde in der Kindheit auf die Äußerung solcher Gefühle reagiert, die sich die Patientin dann irgendwann abgewöhnt hat, zu zeigen. Die Geschichte einer Patientin, in der es um Schmerz und Trauer ging, endete mit den Worten »Da habe ich mich entschieden, nie mehr zu weinen.« Sie war damals fünf Jahre alt!

Das Grübelbuch

Patienten mit leichten bis mittleren Grübelzwängen, die leicht ablenkbar sind, hilft es, ihre Gedanken (kurz!) aufzuschreiben, um dem Hamsterrad im Kopf zu entkommen. Sehr gute Erfahrungen habe ich bei Gruppen von Studenten mit Arbeitsstrukturierungsproblemen mit dem Grübelbuch gemacht. Das Grübelbuch wird von Hand geschrieben – das gilt in den meisten Fällen für jede schriftliche Therapiearbeit. Es befindet sich am Arbeitsplatz und nimmt jeden störenden Gedanken in der kürzest möglichen Form auf, von der Erinnerung an die ungerechte Mutter bis zum Einkaufszettel. Keine Kommentare, nur der bloße Gedanke. (Also: nicht ein Erlebnis mit der Mutter beschreiben, sondern nur: Ich habe an die Ungerechtigkeiten meiner Mutter gedacht.). Falls dringend notwendig, darf noch eine kleine Notiz folgen. Zum Beispiel: Willi anrufen – über Freitag sprechen. Danach wird sich wieder der eigentlichen Tätigkeit zugewendet.

Anmerkung: Bei allen schriftlichen Übungen (»Hausaufgaben«) ist eine empathische Begleitung wichtig. Das bedeutet, sich immer wieder neue Texte zeigen und vorlesen zu lassen – auf jeden Fall danach zu fragen, bis gemeinsam anders entschieden wird. Außerdem gibt es manchen Stoff, der mit Geschriebenen dann dem therapeutischen Prozess zur Verfügung steht.

Gedichte

Eine großartige Übung (leider eher selten anwendbar) ist es, Gedichte schreiben zu lassen. Sehr intellektuelle, rationale und sprachbegabte Patienten lasse ich manchmal Gedichte schreiben zu einem Stichwort, das in ihrer Therapie eine besondere Rolle spielt. Der Begriff wird gemeinsam gewählt und soll so exakt wie möglich sein. Zum Beispiel statt Schmerz: Trauer, Schuldgefühl, Sehnsucht, statt Liebe: Nähe, Erwartung usw. Dabei stelle ich häufig eine Entwicklung fest, die von der Rationalisierung immer mehr zum authentischen Gefühl führt. Das Gedicht ist in der ersten Form strukturiert, wohlgesetzt, jede weitere Variante zum selben Stichwort wird rascher, unkontrollierter, »echter«. Beim Vorlesen (durch den Patienten) wird das deutlich. Das Schreiben von Gedichten hat noch einen anderen Aspekt, der in der Psychotherapie meines Erachtens eine viel größere Rolle spielen sollte. Die Schönheit selbstproduzierter Texte kann viel wecken an Gefühlen der Freude und Selbstwirksamkeit.

Diese Übung kann im Laufe der Therapie noch manchmal wiederholt werden, mit anderen Begriffen – oder auch mit Sätzen (vielleicht solche aus dem ▶ Kap. 3 *Ich denke: So bin ich*).

Variante des Gedichteschreibens

Für Gruppen geeignet: Hier gibt es (mindestens) zwei Möglichkeiten: Jeder Teilnehmer bekommt ein Stichwort. Der erste schreibt dazu einen Satz auf eine Seite, knickt die Zeile um und gibt den Zettel weiter. Am Ende werden die Sätze gemeinsam vorgelesen.

8.7 Tagebücher und andere täglichen Übungen

Die zweite Möglichkeit ist, dass alle zu dem gleichen Wort eine Zeile schreiben.

Anmerkung für Gruppenanalytiker: Aus den entstandenen Texten lassen sich durchaus Schlüsse auf das Gruppen-Unbewusste ziehen.

9

Alle Wünsche kann man nicht erfüllen – aber viele

> »Unsere Wünsche sind Vorgefühle der Fähigkeiten, die in uns liegen,
> Vorboten desjenigen, was wir zu leisten imstande sein werden.«
> Johann Wolfgang von Goethe (1749–1832)

Wir alle haben viele Wünsche ganz unterschiedlicher Art. Manche sind verdrängt, manche verschoben und manche unerfüllbar oder mit Ängsten belegt. Außerdem gehört das Wünschen zu den mit bitteren Sanktionen belegten Gefühlen in Kindheit und Jugend. Viele Kinder kennen Sprüche wie »Kinder, die was wollen, ...« oder »Kinder mit 'nem Willen, ...«, »Sei nicht unverschämt, nicht so gierig...« Besonders übel, weil zynisch, finde ich den Satz: »Das Leben ist kein Ponyhof.« Dieser Satz ironisiert und entwertet Wünsche, die wunderschöne kindliche Lebensentwürfe enthalten können. Die Zuschreibungen hemmen kindliche Lebensfreude und Gestaltungsfantasie. Aus den tiefen, der Neugier und dem Explorationsdrang entsprungenen, manchmal unerfüllbaren, oft nicht ernst genommenen Wünschen entstehen Ersatzwünsche und -handlungen wie Medienkonsum und unbeherrschbare Esslust, um nur zwei Beispiele zu nennen. Ich unterscheide echte Wünsche und (reine) Konsumwünsche. Natürlich kann es auch Konsumwünsche geben, hinter denen sich ein echter Wunsch versteckt.

Die Arbeit mit den Wünschen der Patienten bzw. die Suche nach den Wünschen ist oft von Freude und Erleichterung begleitet. Kurzfristige Begehrlichkeiten können abgehakt werden, hinter Depressionen oder depressiven Verstimmungen versteckte Wünsche aufgedeckt und diese vielleicht sogar erfüllt werden. Gleichzeitig entdecken wir dabei verborgene Wünsche, vielleicht sogar die Sehnsucht nach einem anderen, weniger fremdbestimmten Leben, also nach mehr Autonomie und Lebendigkeit. Immer wieder sage ich zu Patienten, die von der Abwehr ihrer Wünsche sprechen: »Das Leben ist vielleicht kein Ponyhof, aber es ist ein Wunschkonzert! Und Sie entscheiden, welches Instrument Sie spielen wollen.«

9.1. Fallbeispiel: Herr M. und das Fahrrad

Herr M., ein sehr kluger, schüchterner, schwer depressiver Mann, erzählte von seinen Eltern, sie seien wohlhabend gewesen, hätten aber auf allen Ebenen asketisch gelebt. So gab es sogar manchmal zu wenig zu essen mit der Begründung, woanders hätten die Menschen nie genug zu essen. Die Ferien wurden im elterlichen Garten verbracht, Reisewünsche als etwas für dumme Menschen abgetan. Natürlich hatte Herr M. einiges von dieser rigiden Haltung übernommen (wir haben auch das Recht, unseren Eltern ähnlich zu sein). Nach seinen Reisewünschen gefragt, antwortete er, er würde gern eine Radtour durch Deutschland manchen. Warum er es dann nicht täte? Sein Fahrrad, das noch von seinem Vater stammte, sei zu schwer. Warum er sich kein neues kaufe? Weil das alte Fahrrad noch fährt.

Die Zauberfrage

Nun saß er in der Falle. Es war unmöglich, durch Deutschland zu radeln, weil sein Fahrrad zu alt war. Wir arbeiteten tatsächlich daran, wem er schaden würde und wem es nützen würde, wenn er sich ein neues Rad kaufte. Seine Antwort überraschte mich nicht: »Es würde mir nützen, aber das ist doch egoistisch.« Ich ließ das so stehen und fragte weiter: »Wem nützt es noch?« Er überlegte eine Weile und sagte dann: »Meiner Frau, die würde sich freuen, und die kleine Fahrradwerkstatt, die könnte so ein Geschäft brauchen. Ach ja, und mein Freund Peter würde sich freuen, der will diese Tour schon lange mit mir machen.« Bei Herrn M.s Konflikt, sich einen Wunsch zu erfüllen, war also die Zauberfrage: »Wer freut sich, wenn dieser Wunsch in Erfüllung ginge?« Selbstverständlich soll sich der Patient auch freuen, und es ist wichtig, dass andere Menschen diese Freude mit ihm teilen.

Es ist ein wichtiges Zeichen, dass damit ein echter Wunsch erfüllt worden ist, keiner von der Kategorie, die Wilhelm Busch so beschriebt: »Ein jeder Wunsch, wenn er erfüllt, kriegt augenblicklich Junge.« Ein echter erfüllter Wunsch macht noch lange Freude.

Immer wieder, gerade bei depressiven Menschen oder Menschen, die ein Gefühl von Leere und Sinnlosigkeit haben, ist es hilfreich, nach ihren Wünschen zu fragen und nach kindlichen Wünschen zu suchen. Oft kommt einiges an Schmerz zum Vorschein, über unerfüllte oder falsch erfüllte Wünsche. Auf falsche Weise kann ein Wunsch erfüllt werden, wenn Eltern besser wissen, was ihr Kind möchte oder braucht. So bekommt ein Sechsjähriger eine Holzeisenbahn, obwohl er sich doch eine elektrische Eisenbahn gewünscht hat.

Manchmal bleiben diese kindlichen Verletzungen bis weit in das Leben des Erwachsenen hinein bestehen. Ja, manches Unglücksgefühl beruht geradezu auf dem Gefühl, nie sei ein Wunsch in Erfüllung gegangen.

Herr M. kam von da an immer mit dem neuen Fahrrad zur Therapiestunde und erzählte mir stolz von dem ein oder anderen lang gehegten Wunsch, den er sich auch noch erfüllt habe. Am meisten freute er sich über seine Maglite-Taschenlampe.

Wiedergefundene Wünsche

Wir wählen einen Wunsch aus, der lange Zeit wichtig war, fragen nach dem Alter des wünschenden Kindes und erstellen folgende Tabelle, um die Aktualität des Wunsches zu bewerten. Das hilft, um nicht auf unerfüllte Kinderwünsche fixiert zu bleiben. Anmerkung: Mit bewerten meine ich nicht, Wünsche in richtige und falsche oder gute und schlechte zu unterteilen. Bewerten bedeutet in dieser Übung: Wie wichtig wäre die Erfüllung dieses Wunsches noch heute? Welchen Wert hat also der Wunsch für den Patienten? Dieser Wert wird von 1 bis 10 gewichtet. 1 bedeutet völlig egal, 10: davon hängt mein Leben ab.

(Ich orientiere mich bei der Beispieltabelle an der Fallgeschichte des Herrn M.)

Tab. 9.1: Gefundener Wunsch: Ich möchte ein Fahrrad

Alter	Erinnerungen	Wie wichtig?
6		7
14		2
30		6
45 (heute)		9

Interessant an diesen Aufstellungen ist, dass Wünsche nicht nur am Ende weniger wichtig sind, sie können auch zwischendurch an Wichtigkeit verlieren oder verdrängt werden. Bei Herrn M. wurde der Wunsch wieder sehr aktiv, weil sein Freund ihn zu einer gemeinsamen Radtour drängte. Die mittlere Spalte bietet Platz für die damaligen Szenen, die Reaktionen von Eltern auf Wünsche, die Gefühle nach der Verweigerung.

Übrigens: Herr M. kaufte sich in seiner kleinen Werkstatt ein extra für ihn konstruiertes Tourenrad mit allem, was ein Radler an Ausstattung braucht. Er wählte für die erste Tour den Elbradwanderweg von Dresden bis Magdeburg. Beim nächsten Mal will er eine längere Strecke wählen. Nicht nur das Radfahren tat ihm gut, sondern auch das Zusammensein mit seinem Freund.

Bei Wünschen, die heute noch aktuell sind, lasse ich die Patienten überlegen, wie sie sich diesen Wunsch erfüllen können (nicht, ob es möglich ist). Interessanterweise verlieren dabei viele Wünsche an Dringlichkeit. In anderen Fällen lässt sich fast immer eine Lösung finden.

9.2 Kompensatorische Wunscherfüllung

»Um zum Verständnis der Wünsche des Kindes zu gelangen, müssen wir es wissenschaftlich erforschen, denn seine Wünsche sind oft unbewusst. Sie sind der innere Schrei des Lebens, das sich nach geheimnisvollen Gesetzen zu entfalten wünscht.«
Maria Montessori (1870–1952)

Natürlich werden wir in der psychotherapeutischen Arbeit keine wissenschaftliche Forschung betreiben. Sollte aber in der Arbeit ein aktueller oder kindlicher Wunsch des Patienten auftauchen, gilt es, ihn ernst zu nehmen. Montessori drückt pädagogisch aus, was Goethe mehr lyrisch verkündete. Kompensatorische Wunscherfüllung kann die Selbstwirksamkeitserwartung stärken. Dazu gehört schon im frühesten Kindesalter die Anwendung eines Übergangsobjektes, das das Kind häufig selbst findet (Kissenzipfel, Schmusetuch, Daumen). Damit wird es weniger abhängig davon, dass seine Bedürfnisse von außen sofort erfüllt werden. Das Übergangsobjekt wirkt beruhigend und führt zu den ersten Autonomieerfahrungen. Ich bin sicher, dass das Rauchen genau diesem Mechanismus folgt.

Einsatz von Kuscheltieren

Manchmal erinnern sich auch Patientinnen während des psychotherapeutischen Prozesses an ihr Kuscheltier und reaktivieren es. In der Praxis stelle ich verschiedene Kuscheltiere zur Verfügung, die die Patientinnen in schwierigen Situationen in den Arm nehmen können. Diese Spielzeuge benutze ich auch, um innere, in der Regel frühkindliche Anteile zu symbolisieren. Damit wird oft die Kontaktaufnahme zu schmerzhaften kindlichen Ego-States erleichtert (▶ Kap. 4.3).

Symbolische Wunscherfüllung

Die symbolische Wunscherfüllung ist eine Möglichkeit, wenn sie denn behutsam angewendet wird, die sehr bedürftigen Patienten helfen kann und die dem Prozess manchmal auf die Sprünge hilft. Natürlich ist die Gefahr gegeben, dass es zu einer malignen Regression kommen kann, allerdings ist diese Gefahr nach meiner Erfahrung nicht groß. Zur Vorbeugung kann ich mich mit dem Erwachsenenanteil verbinden. Ich kann dann mit der Patientin vereinbaren, dass ich gegebenenfalls sagen darf: »Ich möchte jetzt mit der erwachsene Frau X. sprechen.« Wir befinden uns auch schon auf einer erwachsenen Ebene, wenn ein Patient seine Wünsche äußert.

Die Methode der symbolischen Wunscherfüllung wurde von der Schweizer Psychoanalytikerin Marguerite Sechehaye (1887–1964) entwickelt. Sechehaye arbeitete viel mit psychotischen Patienten. Sie bezog in ihre Behandlungen manchmal die symbolische Befriedigung früher Bedürfnisse ein, auf die das Kleinkind keine Antwort erhalten hatte. Natürlich war diese Methode sehr umstritten, da die Psychoanalyse jede Form der Wunscherfüllung ablehnte. Spätere Psychotherapeuten rehabilitierten Frau Sechehaye mit einer Weiterentwicklung dieser Interventionen, zum Beispiel der rebellische Psychoanalytiker und Körpertherapeut Tilmann Moser (*1938). Heute werden die Begriffe Nachnähren und Re-Parenting benutzt.

Nachnähren in der psychotherapeutischen Praxis

Was Sie Ihren Patienten anbieten, ist abhängig von den bekannten Faktoren: der therapeutischen Beziehung, der psychischen Verfasstheit der Patientin, Ihrer Rollensicherheit und der frühen, im gegenwärtigen Prozess aktualisierten Problematik. Eine Wunscherfüllung in Form von gezeigter (Für-)Sorge kann es schon sein, Fragen zu stellen wie: »Es ist so heiß, möchten Sie etwas trinken?« Da ich regelmäßig während meiner Arbeit Wasser trinke, bitten meine Patienten manchmal darum, auch ein Glas zu bekommen. Manchmal verselbständigt sich das und ich bringe gleich zwei Gläser mit in den Behandlungsraum. Bei manchen Patienten stelle ich das Glas schon vor der Stunde auf den Tisch.

Bei einer Patientin habe ich auch einen Kräutertee vorbereitet und mit ein paar Keksen serviert. Sie kam aus sehr prekären Verhältnissen mit starker Vernachlässigung durch eine psychisch kranke Mutter. Die Patientin genoss diese Versorgung sehr, bis sie nach einigen Monaten sagte, es sei nicht mehr nötig, sie frühstücke jetzt jeden Morgen.

Eine andere Patientin genoss es, die Therapiestunde im Liegen zu verbringen, obwohl wir keine Psychoanalyse machten. Sie erinnerte sich an den unerfüllten Wunsch, ihre Mutter möge sich vor dem Einschlafen an ihr Bett setzen. Die Mutter saß aber immer am Bett der kranken Schwester. Ein- oder zweimal las ich ihr auch etwas vor, dann war dieser Wunsch erfüllt. Die Patientin ist übrigens nie eingeschlafen.

Eine kleine Portion von Re-Parenting erlebte ich in meiner eigenen Psychoanalyse: Ich hatte einen starken Husten, so dass ich meinen Redeschwall ständig unterbrechen musste. Ich fühlte mich hilflos und das Husten war mir peinlich. Da bot mir mein orthodoxer Analytiker ein Hustenbonbon an. Das berührte mich so tief, dass ich das Einwickelpapier lange Zeit aufbewahrte.

Seien Sie also nicht besorgt, wenn Sie in der Arbeit mit neurotisch erkrankten Menschen mit dieser Methode arbeiten möchten. Es macht der Therapeutin Spaß – und die Reaktion des Patienten zeigt, wie es weitergeht.

Empathische Begleitung

Eine andere Art der symbolischen Wunscherfüllung könnte man empathische Begleitung nennen. Wenn ein Patient sich häufig beklagt, seine Eltern

9 Alle Wünsche kann man nicht erfüllen – aber viele

haben sich nie dafür interessiert, was er tue oder sich wünsche, frage ich mich, ob dieser vielfach geäußerte Wunsch des Gesehenwerdens denn heute erfüllt sei. Lebt er in einem sozialen Netz, das ihm Interesse, Empathie und gegebenenfalls Unterstützung bietet? Oder braucht es die Begleitung von einer elterlichen (Ersatz-)Person? Auf den Begriff der empathischen Begleitung wurde ich vor vielen Jahren aufmerksam, als ich im Zimmer meiner Lehrtherapeutin einen Notenständer und eine Flöte sah. Ich fragte verblüfft: »Spielst du Flöte?« Die Antwort war: »Eine Patientin hat gerade damit angefangen, ich habe ihr zugehört und ein kleines Duett mit ihr gespielt. Das nennt man empathische Begleitung.«

Damals fragte ich mich, ob das nur in der Bioenergetischen Analyse möglich sei, aber inzwischen gehört diese Art von Begleitung längst zum Repertoire meiner therapeutischen Arbeit. So lasse ich mir manchmal Fotos zeigen, neue Babys oder ein Hund dürfen auch mal mit in die Praxis gebracht werden. Beginnt eine Patientin, ein Buch zu schreiben, lese ich das Exposé und teile mit ihr Erfahrungen des Schreibens. Gerade letzteres ist wichtig, um die Arbeitsbeziehung zu stärken und das Gefälle zwischen Behandlerin und behandelter Person zu verringern.

10

Psychoedukation, Humor und Fallen

In diesem Kapitel finden Sie einige Überlegungen zu Themen, die zur Grundlage unserer Arbeit gehören, besonders für unsere Beziehung zu den Patienten.

10.1 Was passiert hier eigentlich? – Psychoedukation

Wie im Vorwort schon erwähnt, ist es mir wichtig, mit den Patienten auch aufklärend zu arbeiten. Was geschieht in der Psychotherapie, was ist ihre und was ist meine Aufgabe? Manchmal kommen Patienten, um sich, im wahrsten Sinn des Wortes, mir anzuvertrauen, das ist ein Habitus, der auch beim Umgang mit Ärzten nur langsam schwindet. So kommt es immer wieder vor, dass eine Patientin zu mir sagt: »Ich dachte, jetzt sagen Sie mir, was ich machen soll.« Meine Antwort ist dann: »Das weiß ich nicht, wir finden es gemeinsam heraus.«

Dabei ist es wichtig, dass für die Patientin nachfühlbar wird, was gerade in der Therapie geschieht und was meine Arbeitshypothesen sind. Sie sind erwachsene Menschen, die ihren einen eigenen Prozess verstehen können und wollen. So versuche ich auch, ähnlich wie im Bericht an den Gutachter, dem Patienten die psychodynamischen Grundlagen seiner Leiden zu erklären (als Hypothese!). Dafür sind Patienten oft dankbar. Es geht um dysfunktionale Verhaltensweisen, die sie an sich selbst ablehnen. Der Satz, der ein Einverständnis signalisiert, ist dann: »So habe ich das noch nie gesehen.« Dies geschieht besonders dann, wenn die Patientin Verletzungen hat, die ihr in der Zeit angetan wurde, an die sie sich nicht erinnern kann.

> Eine meiner Patientinnen, die in ihren ersten 1,5 Lebensjahren vier oder fünf Wechsel der Bezugspersonen (einschließlich schlimmer Misshandlungen durch ihre Mutter) erlebt hat, sagt immer wieder: »Das haben mir meine Adoptiveltern erzählt, ich kann mich doch gar nicht erinnern.« Und es fällt ihr schwer zu glauben, dass ihre Impulsdurchbrüche, ihre Angst, Schwäche (Gefühle) zu zeigen und ihre Beziehungsprobleme irgendeinen Zusammenhang mit dieser frühen Zeit haben. Ich erzähle ihr ein wenig aus der Säuglingsforschung, wie das Baby schon früh seine Mutter erkennt und versucht, Kontakt aufzunehmen. Ich spreche vom *Glanz im Auge der Mutter* (Kohut), den die Patientin nie gesehen hat. Sie entspannt sich ein wenig. Bei der gleichen Patientin geht es um eine Entscheidung, die sie mit fünf Jahren getroffen hat. Sie hat starke Schuldgefühle, weil sie sich liebevollen Pflegeeltern gegenüber ablehnend verhalten hat und lieber zu der leiblichen Mutter zurückwollte. Auch hier war eine intensive psychoedukative Intervention notwendig. Besonders peinlich ist ihr, dass sie sich mit einer Barbiepuppe von ihrer Mutter hat ködern lassen. Natürlich kann ein so kleines Kind keine Entscheidung treffen, zumal sie sich nicht erinnerte, wie sehr die Mutter sie misshandelt hatte. Diese Zusammenhänge erklärte ich ihr einfach. Mit siebzehn Jahren hat sie dann ihre Mutter verlassen und wurde von den ehemaligen Pflegeeltern adoptiert. Ich machte ihr behutsam deutlich, dass die Erwachsenen ihr viel Leid erspart hätten, wenn sie die Entscheidung nicht auf das Kind abgewälzt hätten. Solche Erklärungen werden oft für den Therapeuten mit bestimmten Sätzen belohnt, zum Beispiel: »Warum hat mir das noch niemand gesagt?« Im Rahmen der Psychoedukation mache ich Patienten auch darauf aufmerksam, wenn ich wesentliche positive Entwicklungen an ihnen wahrnehme. Das erhöht ihre Selbstwirksamkeitserwartung, ihre Therapiemotivation, kurz, ihr Vertrauen in ihren Veränderungsprozess.

Natürlich hat jeder Patient auch das Recht zu fragen: »Wie arbeiten Sie denn?« Die Beantwortung kann dem Patienten erste Sicherheit geben, der Therapiebeginn ist Unsicherheit genug (vgl. Yalom 2002. S. 98ff.). Ich arbeite zum Beispiel nicht sehr abstinent, nach meiner Meinung ist die Beziehung das wesentliche Wirkelement in der Therapie. Das bedeutet, dass ich aktiv zuhöre, manchmal Zwischenfragen stelle. Ich folge in dem Gespräch den assoziativen Erinnerungsgängen meiner Patientin, unterbreche manchmal auch und führe zu dem zurück, was ich für den Ausgangspunkt oder das eigentliche Thema halte. Ab und an beziehe ich auch direkt Stellung.

Manchmal habe ich Ideen (zum Beispiel für das Verhalten in einem aktuellen Konflikt), gern mache ich auch Vorschläge und sei es, weil ich den Widerstand des Patienten herausfordern will. Seltener gebe ich auch Hausaufgaben auf. Ich bitte die Patientin, zu Hause gewisse Übungen zu wiederholen oder einen Brief zu dem Thema zu schreiben, an dem wir gerade arbeiten. Natürlich hat es keinerlei Konsequenzen, wenn diese Ausgaben nicht erfüllt sind. Schließlich sind wir nicht in der Schule! Manchmal halte ich auch folgende kleine Ansprache, die gleichzeitig ein Appell an die Selbstverantwortung ist:

> **Kleine Rede an einen ratsuchenden Patienten**
> »Es ist Ihre Sache, wie Sie Ihr Leben gestalten. Ich akzeptiere jede Ihrer Entscheidungen, und wir können uns gemeinsam ansehen, auf welchem Hintergrund diese Entscheidungen entstanden sind. Sind Angst, Schuldgefühle oder Wut im Spiel? Auch das ist gestattet! Eigentlich möchte ich nur, dass Sie verstehen, warum Sie etwas tun – und ob Sie es wirklich wollen.«

10.2 Fragen

In den ersten Sitzungen stellen (sich) Patienten in der Regel viele Fragen, nicht nur die, wie hier gearbeitet wird. Sie fragen nach ihrer Rolle, wollen *gute* Patienten sein. Auch diese Frage beantworte ich: Patienten können so schwierig sein, wie sie sind, es gibt keine Eingangsvoraussetzungen, jedenfalls nicht, wenn ein Therapievertrag zustande gekommen ist. Dieser beinhaltet nicht mehr, als dass sie zu den vereinbarten Stunden kommen, gewisse Formalien einhalten und mit mir sprechen. Am Anfang drückt eine Patientin manchmal aus, sie wisse ja nicht, ob sie mir vertrauen könne. Natürlich weiß sie das nicht, woher denn? Sie kennt mich noch nicht. Vertrauen wächst in der Beziehung – auch in der Therapie. Wenn wir jemanden kennenlernen und ihm gleich vertrauen, kann dies eine imaginierte Wunscherfüllung oder ein Gegenübertragungsgefühl sein.

Vertrauen wächst durch die Erfahrung, dass ich in der Beziehung akzeptiert bin, wie ich bin (dazu siehe weiter unten ▶ Kap. 10.3 *Objektkonstanz*). Und das Vertrauen wird besonders gestärkt durch ausgestandene Konflikte. Deshalb teile ich auch mit, dass ich durchaus offen bin für Widersprüche und Kritik. Ja, ich freue mich ehrlich darüber, zeigt doch ein Patient dadurch Mut und Vertrauen. Und er macht die Erfahrung, dass die Beziehung das trägt, was auch immer der Konflikt sein mag – okay, fast alles trägt.

10.3 Einführung in theoretische Konzepte

Im Laufe meiner therapeutischen Arbeit hat sich herausgestellt, dass die Beschreibung einiger theoretischer Konzepte in der Therapie immer wieder hilfreich sein kann, natürlich in angemessener Form, d. h. nicht zu theoretisch, sondern an die Aufnahmebereitschaft und die persönliche Situation angepasst – also leicht und schnell verständlich. Grundlage meiner Erläuterungen sind starke Vereinfachungen der Entwicklungstheorien von Margaret Mahler (2003), Erik H. Erikson (1973) und John Bowlby (2014) zur Bindungstheorie. Etwas ausführlichere Beschreibungen dieser Konzepte finden Sie in meinem Buch *Versöhnung* (Rohwetter, 2017).

Objektkonstanz

Die Fähigkeit Objektkonstanz ist gerade dann gefragt, wenn es in der therapeutischen Beziehung zu Konflikten kommt. Sie spielt in jeder Beziehung eine große Rolle, sei es in der Freundschaft, in der Liebe oder auf der Arbeit. Der Begriff beinhaltet zweierlei. Erstens die Erfahrung, dass ein Objekt, das nicht zu sehen ist, doch noch existiert. Säuglinge, die noch nicht viel Erfahrung auf dieser Welt haben, haben diese Sicherheit nicht. Wenn auf ihr Weinen keine Reaktion erfolgt, kann das große Ängste auslösen. Später gibt es eine Sicherheit im Kind, dass es die Mama noch gibt, auch, wenn sie nicht sofort kommt. Älteren Kleinkindern, etwa ab dem 14. Lebensmonat, macht das Wissen um das unsichtbare Objekt viel Freude, die zeigt sich zum Beispiel im bekannten »Kuckuck-Spiel«. Die (kurze) Spanne der Abwesenheit löst so etwas wie eine Angst-Lust aus.

Die nächste Entwicklungsstufe der Objektkonstanz ist es, die Verbindung herstellen zu können zwischen der bösen und der guten Mutter. Diese Phase ist wichtig in der Autonomie-Entwicklung, sie fügt sich also in die Trotzphase ein. Eine Mama; die mir nicht (sofort) gibt, was ich möchte, ist böse. Wir kennen die entsprechende Szene im Spielzeugladen. Und die Mama, die mit mir spielt und mich tröstet, ist eine gute Mama. Es ist in der Entwicklung des Kindes eine relativ späte Erkenntnis, dass die beiden identisch sind. Genau diese Problematik begegnet uns oft in Paarbeziehungen. Wie oft hören wir Klagen über eine Partnerin oder einen Partner und denken: »Wieso sind die beiden denn zusammen?« Wenn wir dann nach den guten Seiten des Partners, nach den Freuden der Beziehung fragen, finden wir meist immer eine Antwort: Der Partner ist nicht perfekt, aber er ist ausreichend gut!

Auch eine Therapeutin kann und muss nicht perfekt sein. Gerade dadurch kann die Patientin ja ihre Fähigkeit zur Objektkonstanz stärken, indem sie nämlich feststellt, dass die Beziehung trotzdem hilfreich ist.

Wiederannäherung

Eine wichtige Erfahrung kleiner Kinder ist die einer gelungenen Wiederannäherung. Diese Phase umfasst etwa den Zeitraum vom 18. bis 24. Lebensmonat. Mit Wiederannäherung lässt sich die psychische Phase beschreiben, in der das Kind zwischen Autonomie, Weltentdeckung und Nähe zur Mutter hin und her wandert. Letzteres kann man sich durchaus räumlich vorstellen. Das Kind erlebt sich als eigene Person, freut sich an seinen neuen Erkenntnissen, die es dann mit der Mutter teilen möchte. Bei den kleinen Ausflügen des Kindes (und sei es nur in den Nachbarraum) ist die Mutter die Basis, zu der es immer wieder zurückkehren kann. Tiefe Verlassenheitsängste können entstehen, wenn die Mutter bei der Rückkehr nicht am erwarteten Platz ist oder wenn sie sich nicht empathisch auf die sich widersprechenden Bedürfnisse einlassen kann, die sich zwischen Abhängigkeitsbedürfnis und Autonomiebestreben bewegen.

In diesen frühen Phasen der Objekt-Beziehungsentwicklung werden die Grundlagen gelegt für das, was unseren Patienten oft so schwerfällt: gleichzeitig stabile, vertrauensvolle Beziehungen zu führen und ein gesundes, selbstbewusstes *Ich* zu entwickeln, das auch mit sich allein zufrieden sein kann – und sich mit Lust und Mut in der Welt orientiert und behauptet.

Der Glanz im Auge der Mutter

Eine klassische Metapher, die vielen Patienten helfen kann zu verstehen, woher zum Beispiel ihre scheinbar unerklärliche Depression oder ihr geringes Selbstwertgefühl kommen, ist der Begriff des *Glanzes im Auge der Mutter* (▶ Kap. 10.1). Durch den freudevollen Blick, mit dem Mütter ihre Babys ansehen, durch ihre Spiegelung seiner Äußerungen wird das Kind zu einem Subjekt, das sich willkommen geheißen fühlt.

Anschaulich drückt es auch der amerikanische Entwicklungspsychologe Urie Bronfenbrenner (1917–2005) aus: »In order to develop normally, a child requires progressively more complex joint activity with one or more adults who have an irrational emotional relationship with the child. *Somebody's got to be crazy about that kid.* That's number one. First, last and always.« (2004. S. 3) – Bemerkenswert an Bronfenbrenners Formulierung finde ich, dass es nicht nur um die Mütter geht: Es dürfen auch andere Erwachsene sein: Väter, Großeltern oder Paten zum Beispiel.

Fehlt dieses Strahlen der Bezugspersonen, versucht der Säugling mit dem ihm zur Verfügung stehenden Mittel immer wieder, es auszulösen. Kinder bleiben dann bei dieser Suche und entwickeln viele Verhalten, um Aufmerksamkeit auf sich zu ziehen. Manchmal gelingt es: Diese Verhalten werden dann beibehalten – und heißen am Ende Neurosen. Das, was sich dann entwickelt, wird in der analytischen Psychologie das *falsche Selbst* genannt. Dazu gehören zum Beispiel das *Liebsein,* die Unterdrückung eigener Gefühle und das Verdrängen von Bedürfnissen. So entwickeln sich Kinder, die alles tun, um ihre Eltern, besonders ihre Mütter zum Strahlen zu bringen.

Dass das verspätete oder unechte Strahlen, das nicht auf die Existenz des Kindes bezogen ist, negative Folgen haben kann, zeigt folgende Geschichte:

> Ein achtjähriger Junge sucht mit seiner Mutter den Kinderarzt auf. Es ist kurz nach Beginn des 2. Weltkrieges. Der Junge ist gesund und gut entwickelt. Der Arzt sieht die Mutter an, lächelt verschwörerisch und sagt: »Ein Prachtkerl! Aus dem wird ein guter Soldat!« Der Junge sieht das Strahlen in den Augen seiner Mutter und sofort weiß er, was er werden will, wenn er alt genug ist. Zum Glück für ihn ist der Krieg rechtzeitig zu Ende. Und danach kam alles anders.

Retraumatisierung

Wenn ein traumatisierter Patient im Alltag etwas erlebt, das seinem auslösenden Trauma ähnelt (oder auch nur Teilen davon), werden Traumasymptome neu ausgelöst oder verstärkt (getriggert). Retraumatisierungen können auch im professionellen Umfeld stattfinden, zum Beispiel vor Gericht, wenn Misshandlungen immer wieder beschrieben werden müssen. Über eine andere Form der Retraumatisierung habe ich wenig Literatur gefunden (z. B. Reddemann, 2001), nämlich über die, die eine Patientin sich selbst zufügt, in dem sie sich immer wieder das Geschehene vor Augen führt. Mit aller ihr zur Verfügung stehenden Fantasie schaut sie sich die schrecklichen Bilder wieder an. Vereinfachend erkläre ich in solchen Fällen: Das Gehirn unterscheidet nicht immer, ob es sich um (innere) Bilder oder um ein aktuelles Geschehen handelt. Es sendet die gleichen Neurotransmitter aus, deshalb weinen wir bei Filmen oder bekommen Angst. Und so ist es auch, wenn wir uns schlimme Situationen immer wieder vor Augen führen. Wir retraumatisieren uns selbst.

10.4 Humor ist, wenn man...?

»*Humor ist der Regenschirm der Weisen.*«
Erich Kästner (1899–1974)

Als ich für dieses Thema nach Literatur suchte, habe ich festgestellt, dass es äußerst schwierig sein muss, ein humorvolles Buch über Humor zu schreiben. Lächeln musste ich nur, wenn Witze, komische Geschichten oder Situationen kursiv eingeführt oder im Anhang aufgezählt wurden. Vielleicht stimmt ja der Satz des Schriftstellers Sigismund von Radecki (1891–1970), der sagt: »Deutscher Humor ist, wenn man trotzdem nicht lacht.«

Natürlich ist es ein Thema mit vielen Aspekten. Humor ist immer auch eine Art der Selbstmitteilung der Therapeuten, also wenig für sehr abstinent arbeitende Kolleginnen und Kollegen geeignet. Wir haben alle einen unterschiedlichen Humor. Das liegt in den wechselnden Anteilen des Humors an Ironie, Bosheit, Naivität, Belustigung über das Gegenüber und Absurdität. Es gibt Menschen, die unseren individuellen Humor weitgehend teilen – und Menschen, die (fast) nie über unsere Witze lachen, manche schauen einfach nur irritiert. Man kann es bei dem Versuch, witzig zu sein, auch übertreiben. Das passiert mir durchaus manchmal. Ich rechne nicht immer damit, wie sensibel mein Gegenüber ist. Hier ein kleines Beispiel:

> Ich hatte mir eine schmerzhafte Entzündung der Achillessehne mit kleinem Anriss zugezogen. Das Gehen fiel mir schwer und so fragte mich ein Patient: »Was ist Ihnen denn passiert?« – Ich bin die zweitunsportlichste Person, die ich kenne. Also antwortete ich: »Das ist bei meinem letzten Marathonlauf passiert.« Als der Patient lachte, setzte ich nach: »Glauben Sie mir etwa nicht?« Nun war er erschrocken: »Ich dachte, das war ein Witz.« Ich sah sein Unbehagen und erklärte: »Nein, kein Marathon, es ist wohl eine Verschleißerscheinung, die mit der Weisheit des Alters kommt.« Da war er vollends ratlos. Hier greift das nächste Zitat, das abwechselnd Theo Lingen, Werner Finck und Karl Valentin zugeschrieben wird: »Die schwierigste Turnübung ist immer noch die, sich selbst auf den Arm zu nehmen.« Das hatte ich versucht – ich arbeite noch daran.

Humor in der therapeutischen Arbeit

Warum sich also bemühen, humorvoll zu sein, wenn es so problematisch ist? Welche Hilfe kann Humor in schwierigen Therapiesituationen bringen? Viel, aber das ist abhängig davon, wo der Patient in seinem Prozess steht und wie groß sein Vertrauen zu Ihnen ist. Dann kann ein gelungener Scherz, eine freundlich-ironische Bemerkung eine Situation lockern, einen Konflikt lösen helfen, wo eine ernsthafte Reaktion vielleicht zu Widerstand oder einer Auseinandersetzung geführt hätte.

Schwierigen Themen nähere ich mich gern über ihre Etymologie. So konsultiere ich den Kluge, der mir erklärt, Humor komme vom lateinischen Wort Hūmor und bedeute feucht. Leider haben die Worte Humor und Humus offensichtlich keine Verwandtschaft. Es wäre doch schön, Humor als den Humus zu beschreiben, auf dem eine gute Entwicklung wachsen kann.

Probleme mit Humor zu lösen, ist nicht immer einfach. Manchmal gelingt es, mit Humor Schärfe und Dramatik aus den Geschehnissen zu nehmen. Ein Gefühl von Erleichterung kann sich einstellen. Damit ist das Problem noch nicht gelöst, aber es scheint lösbarer als zuvor. – Und immer wieder gilt der Satz: Wenn ein Problem nicht zu lösen ist, ist es kein Problem, sondern eine Tatsache, die akzeptiert werden kann.

> Einen solchen erleichternden Humor erlebte ich auf einer Indienreise. Meine Mitreisenden und ich besichtigten in Dehradun ein tibetisches Internat, das in vielen Gebäuden auf einem weitläufigen Gelände verstreut war. Da es heftig regnete, lieh mir eine freundliche Lehrerin einen Schirm. Nachdem wir einige Häuser gesehen hatten, stellte ich plötzlich erschrocken fest, dass ich den Schirm irgendwo stehen gelassen hatte. Ich sagte erschrocken: »I lost the umbrella!« Ihre Antwort, mit einem kleinen Lachen, war: »Oh, holy umbrella!« – Mehr nicht, und ich war beruhigt.

Manchmal gibt es auch eine gewisse Situationskomik, die vielleicht kein Problem löst, aber stattdessen Bindung und Vertrauen festigt. Hierzu noch eine Geschichte:

> Weil meine Achillessehne immer noch schmerzte, gab mir der Orthopäde eine Cortisonspritze in die Ferse. Am nächsten Tag hatte ich einen Zahnarzttermin, weil ein Backenzahn seit einer Woche sehr schmerzte. Als der Zahnarzt nach dem schmerzenden Zahn suchte, fand er keinen. Ich war völlig schmerzfrei. Auf meine Frage, ob das mit der Cortisonspritze von gestern zusammenhängen könnte, antwortete er nachdenklich: »Das könnte sein...aber das ist nicht die übliche Art, einen kranken Zahn zu behandeln.«

Solche Geschichten mit Patienten zu erleben, gelingt (mir) selten. Aber ich erzähle sie gern, lasse die Patientin an meiner Freude teilnehmen. Am leichtesten fällt es mir, Humor mit kleinen Geschichten aus meinem eigenen Leben in die Therapie zu bringen. Da ich zwei Kinder habe, verfüge ich über einen großen Fundus an Kindermund-Geschichten. Patienten, die sich schwer tun mit Veränderungen, erzähle ich manchmal einen Satz meines jüngeren, damals vierjährigen Sohnes. Ich wollte eine Auseinandersetzung vermeiden, deshalb räumte ich während seiner Abwesenheit sein Zimmer auf. Er kam, stemmte seine kleinen Fäuste in die Hüften und sprach tadelnd: »Mami, du weißt doch, ich liebe keine Veränderungen!« Eine Situation mit Hilfe einer persönlichen Anekdote zu verdeutlichen, verhindert, dass der Patient sich gekränkt, kritisiert oder gar bewertet fühlt. Es wird einfach etwas deutlich gemacht, und wir beide können lachen. Die Übertragung auf das eigene Leben findet im Patienten oft in aller Stille statt.

Meine zweite Art, Humor in die Praxis zu bringen, ist das Erzählen von Witzen. Ich kann mir Witze merken und erzähle sie gern. Dazu gibt es verschiedene Anlässe.

10 Psychoedukation, Humor und Fallen

Witze als Deus ex Machina

Ein kleines Repertoire an Witzen gehört in die Abteilung schnelle Hilfen. Sie können damit Anfangsschwierigkeiten auflockern, ein Schweigen oder auch die Erinnerung an schlimme Situationen in einer Traumatherapie beenden. Häufig bitte ich Patienten, die sich gerade ganz ihrem Schmerz hingeben, nach einer verabredeten Zeit, eine kleine Aufgabe zu lösen, zum Beispiel mir die Hauptstädte von fünf asiatischen Staaten zu sagen. Sie sind dann überrascht, wie schnell der Schmerz nachlässt – und dass sie sich diesen Gefühlen nicht ausliefern müssen. Dieser Umschwung kann auch mit der Frage erreicht werden: »Soll ich Ihnen meinen neuen Lieblingswitz erzählen?« Diese Frage dürfen Sie auch stellen, wenn Sie gar keinen Witz kennen.

Eine ganz andere Möglichkeit, Gefühle einzudämmen, sind absurde Sätze und Fragen wie: »Haben Sie dieses Jahr einen Weihnachtsbaum?« (Wirkt weniger im November und Dezember). Schön sind auch immer wieder Sätze aus dem schier unerschöpflichen Repertoire des Humoristen Loriots (1923–2011), wie: »Früher war mehr Lametta« oder: »Ein Leben ohne Mops ist möglich, aber sinnlos«. Gerade diese beiden Sätze lassen sich mit vielen Situationen in Verbindung bringen. Auch absurde Rätselfragen, Scherzfragen genannt und Anti-Witze beruhigen Gefühle. Metaphorisch gesprochen stürzt sich das Gehirn mit Freude auf die neue Aufgabe. Haben Sie also gern einen kleinen Vorrat davon. (Wenn Sie sich Witze nicht merken können, helfen kleine Karteikarten).

Hier ein paar Proben:

- Was ist grün und rennt durch den Wald? (Ein Rudel Gurken)
- Geht ein Mann um die Ecke...Was fehlt? (Der Witz)
- Was hoppelt durch den Wald und raucht? (Ein Kaminchen)

Ich weiß noch ganz viele Witze, aber leider sind Witze nicht das Hauptthema dieses Buches. Ich bin nur manchmal etwas verwundert, wenn ich bei einer Fortbildung Kolleginnen frage, ob sie einen Lieblingswitz haben. Die Antwort ist meist: »Ich kann mir Witze nicht merken.« Meiner Meinung nach werden Witze in der Therapie sehr unterschätzt. Wird nicht oft über Humor in der therapeutischen Arbeit gesprochen und geschrieben? Ein guter Witz ist die einfachste Form davon!

Mit kleinen Wortspielen lassen sich nette Witze erfinden. An dieser Stelle muss ich immer einen meiner Lieblingswitze erzählen. Ich hoffe, Sie kennen ihn noch nicht – und können noch viele Patienten damit erfreuen:

- Fliegt eine Birne an einem Apfelbaum vorbei. Sagen die Äpfel: »Birnen können doch nicht fliegen!« Antwortet die Birne: »Ich bin die Birne Maja.«

Der Humor der Patienten

Ob und über welche Art von Humor eine Patientin verfügt, kann ein Diagnosekriterium sein. Ironie und Sarkasmus sind manchmal massive Abwehrformen. Hier kann es hilfreich sein, den eigenen, unaggressiven Humor ins Spiel zu bringen. Manchmal frage ich in der Anamnese oder auch in besonderen Situationen: »Habe Sie einen Lieblingswitz?« Gibt es einen Lieblingswitz, bitte ich, ihn mir zu erzählen. Um eine gewisse Gleichheit zwischen uns herzustellen, frage ich, ob die Patientin auch meinen Lieblingswitz hören möchte. Zeigt die Patientin keinerlei Hang zu solchen Albernheiten, frage ich nach der Atmosphäre in ihrem Elternhaus. Hat die Familie gemeinsam gelacht? Wurde über jemanden gelacht? Und manchmal zitiere ich Peter Bamm: »Albernheit ist eine Erholung von der Umwelt.«

So kann bei bestimmten regressiven Prozessen auch ein lustvoller Umgang der Patientin helfen, Teile der zugrundeliegenden Problematik aufzudecken. Gerade eine gemeinsame Arbeit mit Humor kann zur Heilung beitragen. (vgl. Hilgers, 2019, S. 82). Humor und Albernheit sind nicht dasselbe. Albernheit dient sicher dazu, Unsicherheiten und Ängste zu überspielen. Ja, und? Ist das nicht erlaubt? Albernheit regt die Produktion von Neurotransmittern an, die beruhigen und belohnen, vor allem Dopamin, Serotonin und Noradrenalin, allerdings in zunehmendem Alter immer weniger. Das kann mit unterschiedlichen psychischen Prozessen zusammenhängen, der größeren Reife als auch dem höheren Grad an Anpassung an eine ernsthafte oder humorlose Umwelt.

Eingefahrene Denkweisen unterbrechen

Festgefahrene Denk- und Reaktionsmuster können deutlich, in aufdeckenden Zusammenhängen reflektiert – und auch Urteile gemildert werden.

> So erzählte eine achtunddreißigjährige Patientin von ihrer letzten Debatte mit ihrer Mutter. Diese Streitigkeiten fanden regelmäßig bei den Telefonaten statt. Die Mutter erwartete, dass die Patientin anrief, sie selbst tat es nie, die Patientin nur ungern, weil sie sicher war, dass es wieder zum Streit kommen würde. Kaum hatte sie sich nämlich am Tele-

> fon gemeldet, kam die harte Stimme der Mutter: »Ach, meldest du dich auch mal wieder? Ich bin dir wohl nicht wichtig.« Sofort begann die Patientin sich zu verteidigen und im Handumdrehen gab es ein prächtiges, lautstarkes Wortgefecht, bis eine von beiden grußlos auflegte. Die Patientin erzählte diese Geschichte mit starken Selbstvorwürfen und Vorwürfen. Eigentlich müsste sie doch...und sie wisse doch... was erwarte die Mutter denn? Dieses Mal unterbrach ich sie mit dem Satz: »Also, ich finde, für eine Dreizehnjährige haben Sie ganz angemessen reagiert. Es war mutig, Ihrer Mutter mal so richtig die Meinung zu sagen.« Sie sah mich sehr erstaunt an, dann lachte sie und antwortete: »Eigentlich bin ich ja schon ein bisschen älter.«

Natürlich sind Witze in der Therapie keine endgültige Lösung, aber sicher Schritte auf dem Weg. Dass Scherze, welcher Art auch immer, nur in einer respektvollen Atmosphäre gemacht werden, das versteht sich von selbst. Das gemeinsame Lachen stärkt die Beziehung; selbst einen Witz zu erzählen, kann den Patienten (vorübergehend) von gewissen Hemmungen befreien. Vielen Menschen fällt ad hoc einfach kein Witz ein. Gut, das mag auch ein Thema sein: Geht es um eine Hemmung, findet er Witze albern?

> Frau K., die Patientin mit der verstorbenen Katze, fand eine Lösung. Sie hatte neidvoll von einer Freundin gesprochen, die mit gut erzählten Witzen ganze Gesellschaften erfreuen konnte. Als ich sie aufforderte, selbst einen Witz zu erzählen, nahm sie ihr Handy, hatte blitzschnell eine passende Rubrik gefunden und las vor: »Der Sohn kommt von seiner Psychoanalysestunde nach Hause. ›Na, was hat der Therapeut gesagt?‹, fragt die Mutter. ›Er hat gesagt, ich hätte einen Ödipuskomplex‹, antwortet der Sohn. Darauf die Mutter: ›Ödipus, Schnödipus, Hauptsache, du hast die Mami lieb!‹«

Hilgers weist darauf hin, dass die psychoanalytischen Ausbildungen, also die Sozialisation für Psychoanalytiker, weitgehend humorbefreit sind (vgl Hilgers, 2018, S. 40). Mit wenigen Ausnahmen gilt das wohl auch in der Ausbildung anderer Therapieformen. Gleichzeitig beschreibt er den Humor als emanzipatorisches Element: »Bei intra- oder intersystemischen Konflikten mit Über-Ich Beteiligung kann Humor eine außerordentlich befreiende Wirkung haben: Innere Strenge steht dem Humor entgegen, wie dieser jener die Stirn bietet« (ebd., S. 43).

> Dazu ein Beispiel aus meiner eigenen Geschichte: Ich war schon als Kind das, was man ungeschickt nennen könnte, meine Mutter hatte mehrere unfreundliche Ausdrücke dafür. So entwickelte ich ein Schamgefühl bei umgestoßenen Gläsern, bekleckerten Blusen und fallengelassenen Gegenständen. Bis ich eines Tages auf einem Markt einen Jongleur sah, dem mehrfach seine Bälle auf den Boden fielen. Und er kommentierte: »Oh, heute fällt es mir aber leicht!« Und zum Kleckern erfand mein Sohn Florian den Satz »Man soll die Bluse nicht vor dem Nachtisch loben!«

10.5 Therapiefallen

> »Lang waren die Tage des Schmerzes, die ich innerhalb dieser Mauern verbracht habe, und lang waren die Nächte der Einsamkeit. Und wer kann da seinen Schmerz und seine Einsamkeit ohne Bedauern hinter sich lassen?«
> Khalil Gibran (1883–1931)

Manchmal fragen wir uns in Therapien, warum es so viel Widerstand gibt, will die Patientin gar nicht gesund werden? Interessanterweise ist der Widerstand oft umso größer, je leidvoller die Geschichte, je eingeschränkter das aktuelle Leben ist. Gibrans Worte geben eine erste Antwort. Der Patient ist sehr identifiziert mit seinem Leid. Ja, es macht manchmal einen Teil seines Selbstwertgefühls aus. Jemand muss ein besonderer Mensch sein, wenn er so viel gelitten hat. Wer ist er ohne dieses Leid? Dahinter versteckt sich eine Frage nach der eigenen Identität, dem gesunden Selbst. Um dieses zu finden, muss er eine lange (Rück-)Reise auf sich nehmen. In der Therapie ergeben sich dadurch oft besonders schwierige Situationen. Mit dem Zitat möchte ich auch deutlich machen, dass die Patienten unser Leben nicht einfach schwer machen wollen. Sie haben für alles, was sie tun, einen Grund.

Ja, aber – und das unlösbare Problem

Die Arbeit an dem »Ja, aber« mancher Patientinnen kann mühsam und frustrierend sein. Jedes »Aber« lässt gleichzeitig einen Blick auf den Widerstand zu und ist deshalb kostbar. Zu Beginn meiner therapeutischen Arbeit ging ich häufig in diese Falle, schnell und ohne es zu merken. Eine Patientin war so traurig, zeigte sich hilflos, ihr Problem schien ihr unlöslich. Ich habe eine ausufernde, schnelle Fantasie. Meine Fantasie suchte automatisch nach Lösungen, machte ganz fantastische Vorschläge – und die Patientin sagte: »Das ist eine gute Idee, aber...« Oft sagte sie auch nur: »Ja, aber...« und genau so heißt die Falle. Bisweilen wurde ich zu allem Überfluss ungeduldig, machte noch bessere Vorschläge. Das Ergebnis war manchmal niederschmetternd: Die Patientin fühlte sich unverstanden, die Arbeitsbeziehung schien gestört.

Heute geschieht das nur noch selten. Ich mache zwar immer noch Vorschläge, stelle aber gleichzeitig klar, dass die Entscheidung beim Patienten liegt. Ja, manchmal scheint es mir sinnvoll, vorsichtig mitzuteilen, welche Hypothesen ich zu dem Ja-Aber-Problem habe. So kann die Falle aufgedeckt werden.

Ich erinnere mich, einst selbst eine Ja-Aber-Patientin gewesen zu sein. Nie werde ich folgende Rektion meiner damaligen Lehrtherapeutin vergessen. Sie sagte: »Ich sehe deinen Kummer. Du sitzt in einer Falle, weißt nicht, wie du da herauskommen kannst. Aber ich werde nicht zu dir in die Falle kommen.« Damals hatte ich ein Bild für die Falle, in der ich mich befand. Ich saß in einem tiefen Loch, wie man es, unter Laub verborgen, zum Fangen wilder Tiere gräbt.

In der Tat ist es auch für die Therapeutin nicht so einfach, aus einer Falle auszusteigen. Sie entwickelt selbst einen Widerstand, Übertragungs- und Gegenübertragungsgefühle, Hilflosigkeit und Ärger: Ist sie weiterhin im (jetzt inneren) Streit mit der Patientin, gekränkt, weil diese ihre klugen, praktizierbaren Vorschläge ablehnt? Die Falle für die Therapeutin heißt etwa: »Warum nimmt sie nicht an, was ich sage? Es ist doch ganz einfach. Vielleicht will sie gar nicht gesund werden.« Und diese Sätze lassen sich auf persönlicher Ebene fortführen: »Stellt sie meine Kompetenz infrage? Nimmt sie mich nicht ernst? Nimmt mich überhaupt jemand ernst...«

Es ist wichtig und gar keine Schande, solche Gefühle gegenüber Patienten zu haben. Sie helfen uns bei der Selbsterkenntnis und dabei, uns selbst weiterzuentwickeln, professionell und persönlich – falls man das so trennen kann.

Manches »Aber« ist ein ernstzunehmender Einspruch, es weist auf ein echtes Wollen hin. Da war Patientin, Frau G., die ein Problem mit ihrer wichtigsten Freundin hatte. Nach langem Wortwechsel, in dem ich Vorschläge zur Versöhnung machte, verstand ich endlich: »Sie wollen sich gar nicht mit Ihrer Freundin versöhnen!« – »Nein«, antwortete sie, »Das war eine Kränkung zu viel!«

10.5 Therapiefallen

Wege aus der Falle

Die kleine Rede meiner Therapeutin ging noch weiter: »Wir werden gemeinsam alles tun, was uns möglich ist, dass Du aus der Falle herauskommen kannst.« *Meine* Falle war ein gutes Bild für Depression und das Gefühl von Aussichtslosigkeit. Wenn Ihre Patientin also das Gefühl hat, in einer Falle zu sitzen, kann es eine sinnvolle Intervention sein, sie diese Falle beschreiben zu lassen. Sie kann ihre Gefühle mitteilen und fantasieren, wo, wie und in welchem Alter diese Gefühle entstanden sind. Welche Bedeutung hat die Falle? Ist sie auch Schutz? Wird dieser Schutz noch benötigt?

Es gibt auch die Möglichkeit, dass es für die Patienten von Vorteil sein kann, in einer Falle zu sitzen. Ich denke zum Beispiel an eine *erlernte Hilflosigkeit* (Seligmann, 1998). Dabei handelt es sich um einen Abwehrmechanismus, der gleichzeitig Ursache und Verstärkung einer Depression sein kann. Wir haben es hier mit Patienten zu tun, die nie die Erfahrung von Selbstwirksamkeit machen durften, weil ihre Eltern entweder massiv entwertend oder überfürsorglich waren. Diese scheinbaren Gegensätze lassen sich in dem Satz zusammenfassen: »Lass das, du kannst das nicht.«

Die Folge solcher Erfahrungen können neben dem Gefühl von Hilflosigkeit eine Opferhaltung und die Weigerung, Selbstverantwortung zu übernehmen sein. In solchen Fällen kann es hilfreich sein, die therapeutische Methode zu wechseln (▶ Kap. 11.6 *Wir können nicht allen Menschen helfen*). Auf jeden Fall ist die Voraussetzung für eine konstruktive Arbeit die absolute Anerkennung des in der Vergangenheit erlittenen Unrechts, sei es noch so subjektiv.

Je nach Stand des therapeutischen Prozesses und der Stabilität der Arbeitsbeziehung kann die Therapeutin in dieser Situation unterschiedlich intervenieren. Sie kann mit den Gefühlen ihrer Gegenübertragung antworten: »Ich glaube, Sie fühlen sich hilflos und denken, keiner ist für Sie da?« Natürlich geht es wie immer mit der Reaktion der Patientin weiter. Bricht sie in Schluchzen aus? Wird sie böse? Hier ist eine kurze Selbstdarstellung der Therapeutin und eine Beschreibung ihrer Arbeitsweise möglich, vielleicht so: »Sie sitzen in einer Falle und möchten heraus. Gleichzeitig erwarten Sie, dass jemand zu Ihnen in die Falle kommt. Das Ergebnis wäre aber, dass beide nicht mehr herausfinden – oder, zum Beispiel, wenn der andere ihm eine Räuberleiter macht, kommt einer heraus und der andere bleibt drinsitzen. Ich möchte mit Ihnen gemeinsam nach Lösungen suchen, wenn Sie die Falle verlassen wollen.«

Diese Metapher des In-der-Falle-Sitzens lässt sich in verschiedenen Situationen benutzen, bei Ja-Aber-Patienten oder bei Patienten, die sich in einer Opferrolle fixiert sehen. Das ist Therapie: Gemeinsam wird die Leiter gebaut oder aus Schnüren geflochten. Die Leiter zu benutzen, ist die Aufgabe der Patientin.

Vom Können, Dürfen und Wollen

Wenn Sie eine solche Falle geraten sind und es mit einem Menschen zu tun haben, der eine starke Hilflosigkeit ausstrahlt, gilt es, den Off-Schalter zu betätigen. »Ich will ja, aber ich kann nicht« oder noch apodiktischer: »Das geht nicht!« sind die Warnzeichen. Bitte keinen weiteren Vorschlag machen, sondern mit dem Widerstand gehen. Lassen Sie sich ausführlich erzählen, warum etwas keine Lösung sein kann.

Manchmal führen kleine Sätze weiter. Ich bitte also den Patienten: »Vervollständigen Sie den Satz ›Das geht nicht, weil...‹« Bietet diese Satzergänzung dann ein Thema, können Sie weiterarbeiten. Sonst gibt es noch andere Fragen, von denen die einfachste »Und dann?« lautet. Mit der Und-dann-Frage können sie einigen Ängsten auf die Spur kommen. Der Kern dieser verborgenen Ängste ist oft ein ganz existenzieller. Er kann Ängste vor Liebesverlust, Isolation, materielle Verarmung oder sogar der Tod sein.

Wenn die häufigste Antwort bezüglich möglicher Veränderungen der Satz: »Ich kann das nicht« ist, kann man auch hier mit dem »Weil« fragen. Eine andere Möglichkeit, psychodynamischen Hintergründen auf die Spur zu kommen, ist folgende:

Bitten Sie Ihren Patienten, folgende Formulierungen zu gebrauchen – und in sich hinein zu fühlen. Wie unterscheiden sich seine Gefühle, ob er sagt:

- Ich kann das nicht.
- Ich darf das nicht.
- Ich will das nicht.

Die drei Formulierungen lösen mannigfache Gefühle aus. Es geht um unterschiedliche psychische Dispositionen, aber auch um unterschiedliche strukturelle Reife. Das kann natürlich sehr differenziert betrachtet werden. »Ich will nicht« kann kindlich trotzig, pubertär widerständig oder erwachsen entschieden sein. Der Patient wird wahrnehmen, wenn er sich Zeit lässt, den verschiedenen Gefühlen von Können, Dürfen und Wollen auf die Spur zu kommen.

Sie sind doch die Therapeutin!

Das ist ein nicht selten gehörter Appell an die Kompetenz und Verantwortung des Therapeuten. Manchmal erwarten Patienten eine direkte Problemlösung, ja Rettung von ihrer Therapeutin. Sie drücken es in Fragen aus: »Was soll ich denn machen?« Oder in direkter Aufforderung: »Sagen Sie mir, was ich machen soll.« Es handelt sich um den Ausdruck von Verzweiflung und Hilflosigkeit, manchmal vermischt mit subtiler Aggression, manchmal vermischt mit Vorwürfen: »Sie können mir auch nicht helfen, Sie verstehen mich auch nicht« etc. Gerade der vorwurfsvoll-aggressive Ton ist eine große Herausforderung für die Therapeutin. Hat die Patientin nicht recht? Die Therapeutin weiß doch die Lösung tatsächlich nicht. Für diesen Augenblick vergisst die Therapeutin manchmal, dass es nicht ihre Aufgabe ist, die Probleme der Patientin zu lösen. Sie fühlt sich unfähig und hilflos, vielleicht auch angegriffen. Wunderbar! Denn diese Gefühle, sowohl Gegenübertragungen als auch Übertragungen, sind für den weiteren Prozess nutzbar. Statt darin eine Falle zu sehen, können Sie gutes Material für die Weiterarbeit ernten.

Es gibt allerdings auch Situationen, in denen ich klare Vorschläge mache, unter der Angabe, dass sei kein üblicher Bestandteil von Psychotherapie. Dazu gehört die Hilfe bei der Vorbereitung einer schwierigen Situation, die der Patient in naher Zukunft zu bewältigen hat. Manchmal kommen Patienten, die vor längerer Zeit eine Therapie bei mir gemacht haben, zu zwei oder drei Sitzungen. Sie möchten einen Rat für eine aktuelle Problemlage. Da wir auf gemeinsame Erfahrungen zurückblicken können, müssen wir eine solche Lösung nicht langfristig erarbeiten. Wir können auf die uns bekannten Ressourcen der Patientin zurückgreifen.

In allen anderen Fällen von Lösungsansprüchen der Patientin an mich beschreibe ich einmal mehr, was ich unter Psychotherapie verstehe und wie ich arbeite. Gleichzeitig sind natürlich die Gefühle und Erfahrungen der Patientin wichtig, die sie zu einem solchen, weinerlich bis aggressiv vorgebrachten Anspruch kommen lassen. Oft steckt einfach ein Wunsch dahinter, der Wunsch nach Hilfe und Unterstützung, danach, in seinem Leid gesehen zu werden. Manchmal finden wir eine kindliche Sehnsucht nach Versorgung und einem konfliktfreien Leben. Ich nenne das – ohne Ironie – eine Paradiessehnsucht. Und haben wir die nicht alle, wenn auch meist tief in uns verborgen?

Mit diesem Stichwort (Paradiessehnsucht) lässt sich gut weiterarbeiten. Sie können Fragen stellen wie »Was fehlt Ihnen?« oder »Was brauchen Sie?« und diese Fragen ganz wörtlich meinen! So kommen wir den Sehnsüchten auf die Spur, wenn wir nicht einfach bei der möglichen Antwort stehenbleiben, die lauten kann: »Ein neues Auto.«

Übung: Das Schweigen beenden

> Ob Sie es erlebt haben oder nicht – es gibt Patienten, die nicht sprechen wollen. So war es bei Herrn Y. Er saß mir zu einem Erstgespräch gegenüber und sagte: »Ich will eigentlich nichts sagen.« Später stellte sich heraus, er hatte einige Therapeuten vor mir verloren, weil es ihm so schwerfiel, über persönliche Dinge zu sprechen. Ich vermutete eine ängstlich-vermeidenden Persönlichkeitsstruktur. Aber ich irrte mich. Ich vereinbarte mit Herrn Y. eine Kurzzeittherapie, einfach, weil er mich neugierig machte. Neben seiner Schweigsamkeit war er nämlich ein durchaus sympathischer Mann. Im Laufe der Zeit und der Anamnese fanden wir recht bald die Ursache seiner Schweigsamkeit. Herr Y. war als fünfjähriger Knabe mit seinen Eltern aus dem Süden von Somalia geflohen. Hier in Deutschland fühlten sich die Eltern sicher, aber auch fremd. Die Familie staunte über den unbegreiflichen Luxus und war zutiefst bestürzt, dass sie niemand verstand. Der Vater sprach englisch, Mutter und Sohn allerdings nicht. Der Sohn fand schnell einen Kindergartenplatz. Seine Mutter stellte sich vor, er lerne dort schnell die deutsche Sprache und bringe sie ihr dann bei. So geschah es – aber bis dahin sprach die Mutter kein Wort mehr mit ihm. Die Muttersprache war tabu im Hause Y., nur die Eltern sprachen manchmal flüsternd miteinander, wenn sie meinte, der Sohn höre sie nicht. Herr Y. sprach inzwischen akzentfreies Deutsch und kein Wort mehr in der Sprache seiner ursprünglichen Heimat. So kam das Therapiegespräch nach einiger Zeit doch zustande. Der Patient begriff, dass ich, anders als seine Mutter, wirklich mit ihm sprechen wollte und dass ich dabei *seine* Sprache (seine Art zu sprechen) akzeptierte.

Jedoch habe ich andere Fälle von Schweigsamkeit erlebt, dann tatsächlich im Zusammenhang mit ängstlich-vermeidenden Persönlichkeitsstrukturen. Natürlich kann der Grund des Schweigens auch eine tiefe Scham sein, bei der es darum geht, was am wichtigsten erzählt werden möchte aber nicht erzählt werden darf – also kann man auch schweigen. Die Patientin hat das Gefühl, alles andere sei nebensächlich – und um ihr Geheimnis mitzuteilen, hat sie noch nicht genug Vertrauen. Wenn ich diesen Verdacht habe, werde ich zuerst Fragen stellen, mit denen ich eine Gesprächsatmosphäre herstellen kann. So frage ich nach freundlichen Erwachsenen in der Kindheit, die nicht zum engen Familienkreis gehören, nach den Eigenschaften des Kindes, das die Patientin einmal war und nach beglückenden Erlebnissen aus ihrem Leben. Dazu kann ich erklären, dass ich weiß, sie sei nicht deshalb hierhergekommen, aber so könnten wir uns kennenlernen. Außerdem fordere ich sie auf, mir Fragen zu stellen.

Am leichtesten breche ich das Schweigen, in dem ich selbst rede. Ich nehme irgendein leichtes Thema auf und mache schlicht Konversation. Nach einer Weile gelingt es, und ab und an kann ich dann mit mehr oder weniger Erfolg eine relevante Frage stellen. Oder ich erzähle ein kleines Erlebnis und die Patientin reagiert assoziativ – und spricht mit mir. Im Laufe des therapeutischen Geschehens stelle ich dann Fragen nach dem Schweigen:

- Wie haben Sie das Schweigen gelernt?
- Was hätten Sie stattdessen gern gesagt?
- Wer hat zu Hause geschwiegen?
- Wie haben Sie das Schweigen in ihrer Kindheit erlebt?

Einmal habe ich begonnen, von einem Jugendbuch zu erzählen, dass ich gerade gelesen habe und das mich sehr fasziniert hat. Ich habe sogar ein paar Seiten daraus vorgelesen. In der nächsten Stunde erzählte mir dann der Patient, er habe sich alle Folgen dieser Reihe aus der Bibliothek ausgeliehen. Das war ein großer Erfolg, auch, wenn er nicht in meinem Therapieraum stattgefunden hat! Vor ein paar Wochen konnte ich ihm mitteilen, dass nun ein wunderbarer fünfter Band dieser Reihe erschienen ist. Hilfreich ist es auch, in der stillen Stunde mit einem schweigsamen Patienten einfach aus dem Sessel aufzustehen und im Raum umherzugehen, natürlich mit dem Angebot, er dürfe gern mittun. Ein gemeinsamer Spaziergang wäre vielleicht auch eine Lösung.

Es kann für Patientin und Therapeutin mühsam und belastend sein, wenn in unseren *Talking Cures* kein Gespräch zustande kommt. Gelangweilt nach der Uhr zu sehen, Gähnen zu unterdrücken oder im Kopf neue Rezepte auszuprobieren, ist da wenig hilfreich. Die einzige Idee, die ich bisher dazu hatte, wenn ich mich nicht von dem Patienten trennen wollte, ist folgende: Ich muss zuerst einmal dafür sorgen, dass es mir gut geht, damit ich weiterhin Lust dazu habe, einmal in der Woche mit diesem Menschen für eine Stunde zusammen zu sein. Das bedeutet, mich nicht mehr anzustrengen, den Patienten zu einem sinnvollen Gespräch zu bringen. Wie kann das gehen?

11

Rollenverständnis und Rollensicherheit

Im Folgenden habe ich einige Gedanken zusammengefasst, die ich Ihnen gern mitteilen möchte. Mir ist im Laufe der Jahre zwei wesentliche Punkte aufgefallen: wie schwierig unsere Arbeit sein kann, auch wenn sie sinnvoll ist und oft Freude macht, und wie wichtig es ist, uns selbst nicht aus dem Fokus zu verlieren. Rollenverständnis bedeutet in diesem Zusammenhang: Was ist meine Arbeit? Wie stelle ich mein Wissen zur Verfügung? Was ist mein Anteil am therapeutischen Prozess, meine Verantwortung? Rollensicherheit heißt: Ich bin Therapeutin, ich weiß was ich kann und was ich nicht kann. Ich stelle mich den Patienten und ihren Problemen zur Verfügung – auf meine Weise. Und meine Fehler sind ein Teil des Prozesses.

11.1 Das Wichtigste ist, dass es dem Therapeuten gut geht

Wenn wir es aussprechen, klingt es egoistisch: Das Wichtigste für meine Arbeit ist, dass es mir gut geht. Aus dem beruflichen Alltag wissen wir, wie sehr das stimmt. Schon ein leichter Kopfschmerz behindert unsere Präsenz im Kontakt mit dem Patienten, um wie viel mehr tut das eine schwere Erkrankung oder ein großer persönlicher Kummer! Eine aktuelle, schmerzliche Trennung macht die Arbeit ebenso unmöglich wie ein bohrender Zahnschmerz. Das bedeutet nicht, dass wir jeden Tag vor guter Laune sprühen müssen. Es bedeutet, dass wir uns nicht grundsätzlich, also chronisch müde, lustlos oder gar ausgebrannt fühlen sollten. Es mag sein, dass wir uns manchmal bei bestimmten Patienten nicht freuen, wenn sie kommen. Ist das bei der Mehrzahl der Patienten der Fall, leiden wir vielleicht an einer *Compassion fatigue* (Mitgefühlsmüdigkeit, vgl. Rohwetter, 2019). Dann brauchen wir selbst Hilfe! Wie wir einen angemessenen Energiezustand erlangen, beschrieb schon der Mystiker Bernhard von Clairvaux (ca. 1090–1153) in der anschaulichen Metapher von der Schale und dem Kanal:

> »Wenn du vernünftig bist, erweise dich als Schale und nicht als Kanal, der fast gleichzeitig empfängt und weitergibt, während jene wartet, bis sie erfüllt ist. Auf diese Weise gibt sie das, was bei ihr überfließt, ohne eigenen Schaden weiter [...]. Lerne auch du, nur aus der Fülle auszugießen und habe nicht den Wunsch freigiebiger zu sein als Gott. Die Schale ahmt die Quelle nach. Erst wenn sie mit Wasser gesättigt ist, strömt sie zum Fluss, wird zur See. [...] Ich möchte nicht reich werden, wenn du dabei leer wirst. Wenn du nämlich mit dir selbst schlecht umgehst, wem bist du dann gut? Wenn du kannst, hilf mir aus deiner Fülle, wenn nicht, schone dich.«

Es geht also hier um Selbstfürsorge. Diese Fähigkeit, die wir unseren Patienten immer wieder ans Herz legen, ist besonders wichtig und sollte in allen helfenden Berufen gestärkt zu werden. Zum Auffüllen der Schale gehören tägliche Rituale, der Jahresurlaub ist nicht ausreichend. Wie füllen Sie Ihre Schale auf? Was sind Ihre Quellen? Haben Sie bei dem Gedanken sich selbst zu versorgen ein schlechtes Gewissen, bevor Sie gut zu anderen sind?

Dass es uns als Therapeuten *gut gehen* sollte, scheint nur selbstverständlich. Oft haben auch unsere Patienten die Vorstellung, wir seien unverwundbar. Besonders Borderline-Patienten und solche mit hohem Aggressionspotential agieren auf dieser Ebene. Auch körperliche Unverwundbarkeit wird von uns erwartet. Nicht immer hören wir von Patienten – abhängig natürlich auch von ihrem Strukturniveau – ein herzliches »Gute Besserung«, wenn wir aus Krankheitsgründen Sitzungen absagen. Als ich vor vielen Jahren an Krebs erkrankt war, erzählte mir einige Zeit später ein Patient, er sei sehr enttäuscht gewesen, dass ich überhaupt so krank werden könne. Seine Frau hätte ihn jedoch darauf hingewiesen, wie *schräg* dieser Gedanke sei.

Allerdings halten wir uns auch selbst manchmal für unverwundbar, beginnende Depressionen oder Burnouts lösen eher Schamgefühle als Selbstfürsorge aus, Schwierigkeiten in der Liebesbeziehung oder Probleme mit den Kindern erst recht. Dabei sind die Folgen solcher Belastungen nicht zu unterschätzen – und beides verstärkt sich wechselseitig: Müdigkeit, mangelnde Empathie und Distanz führen dazu, dass Patienten sich abgelehnt fühlen. Die Beziehung wird erschwert, was die Symptome der Therapeutin verstärkt (vgl. Rehahn-Sommer & Kämmerer, 2020). Hofmann und Roesler sprechen vom verwundeten Heiler – auch das Attribut verwundbar sollte nicht fehlen (2010, S. 75ff.). In dieser Position sind wir dem Patienten näher als in einer unverwundbaren. Gleichzeitig ist eine professionelle Distanz nötig, die unter anderem verhindert, sich mit dem Leiden des Patienten zu identifizieren – und die uns außerdem schützen soll. Selbstfürsorge wird von den Patienten oft verstanden als *sich etwas Gutes zu tun,* und dann kommen die großen Ideen, von Kosumwünschen bis hin zu Trennungsfantasien. Darum mag es auch gehen. Freilich ist, nicht nur für uns Therapeuten, auch die Selbstfürsorge gemeint, die wie das Mittagessen und das Zähneputzen in den Alltag integriert ist. Ich kenne den Einwand: »Dazu habe ich keine Zeit!« von Kollegen und Kolleginnen ebenso wie von Patienten. Vielleicht bringt nicht jeder die Disziplin auf, jeden Tag zu meditieren, am besten sogar zweimal, einmal vor und einmal nach der Arbeit. Ich stelle mir eine Skala vor, an deren einem Ende das tägliche Meditieren (oder eine umfangreiche Achtsamkeitsübung, ein Körperscan etc.) steht und am anderen Ende das Warten auf das nächste Wochenende oder gar den Urlaub. Aber dazwischen liegen viele Möglichkeiten, kurze Augenblicke für sich zu haben. Es gibt kleine Übungen, die, regelmäßig ausgeführt, erstaunlich hilfreich sind. Eine davon ist die Yoga-Summ-Übung.

Übung: Brahmari oder Bienensummen

> Sie atmen einfach ein und aus, im normalen und bequemen Atemrhythmus. Beim Ausatmen machen Sie einen Summton. Ich wende diese Übung selbst oft an, wenn ich aufgeregt bin, mein Blutdruck oder meine

> Pulsfrequenz steigen. Drei Minuten reichen. Im Geheimen kann man diese Übung sogar während einer Sitzung durchführen, vielleicht ohne zu summen. Dann stellen Sie sich einfach vor, dass Sie summen. Sie fühlen den ausströmenden Atem in Ihrer Nase. Eine andere Möglichkeit ist, mit Ihrer Patientin gemeinsam zu summen.

Ein wirklich belastender Faktor ist die Selbstüberforderung. Eine Einsicht kann sich prophylaktisch schon positiv auswirken: Ich kann nicht allen Patienten helfen – und nicht alle Menschen aufnehmen, die eine Therapie suchen. Außerdem muss ich nicht perfekt sein.

Weil mir das Wohl der Therapeutinnen und Therapeuten beim Schreiben dieses Buches am Herzen liegt, hier noch in Hinweis: Manche Übungen dieses Buches eignen sich nicht nur für die Arbeit mit Patienten, sondern auch zur eigenen Beruhigung und der Steigerung des Wohlbefindens – und damit der Freude an der Arbeit. Mir persönlich ist es zum Beispiel wichtig, zwischen zwei Patienten einen deutlichen Einschnitt zu haben, um keine Gefühle der vergangenen Stunde in die nächste mitzunehmen. Eine Freundin drückte das so aus: Wenn ich Patienten zu dicht hintereinander sehe, weil ich vielleicht eine Stunde überzogen habe, kommt es mir so vor, als ob sich die beiden Patienten in meinem Inneren begegnen könnten. Diese mögliche Begegnung zweier Patienten in mir – und sei es unbewusst, ist auch der Grund dafür, nicht zwei Menschen zu behandeln, die sich im realen Leben sehr nahestehen.

Die Pausen zwischen zwei Stunden sind kurz. Da braucht es Übungen oder Rituale, die ebenso kurz sind, wie zwei oder drei bewusste Atemzüge am offenen Fenster. Auch die kleinen Handlungen sind hilfreich beim Abschalten, wenn sie mit Aufmerksamkeit vollzogen werden: einen Schluck Wasser oder Tee trinken, Blumen gießen usw. Mir fällt es nach wie vor schwer, diese kleinen Pausen zu nutzen, mich in den wenigen Minuten zu erholen. Zwei kleine Übungen helfen, die Sie auch miteinander verbinden können.

Übung: Stehen wie ein Baum

> Ich stehe mit beiden Füßen in Schulterbreite, das Gewicht ruht ein wenig mehr auf den Fersen als auf den Fußballen, das Kreuzbein sinkt leicht nach unten, die Knie sind locker. Die Arme hängen leicht nach

unten, ich stelle mir die ausgestreckten Finger als Luftwurzeln vor, die in die Erde reichen. Der Kopf ist aufgerichtet, die Augen geschlossen, der Atem fließt sanft. Wenn Sie mögen, können Sie sich ein wenig wiegen, wie ein junger Baum, den ein leichter Wind bewegt.

Übung: Beruhigung durch Selbstberührung

Sie legen die Handflächen in Herzhöhe zusammen und reiben sie mit Druck gegeneinander, bis Sie Wärme spüren. Dann berühre Sie Ihr Gesicht damit, als wollten Sie sich waschen, Sie streichen die Stirn von der Mitte bis zu den Schläfen, dann über das Haar bis in den Nacken. Ohren sanft massieren. Zwischendurch Hände erneut erwärmen. Über Schultern und Arme streichen, von oben außen nach unten, innen wieder hoch. Die Nieren leicht massieren und dann mit den Beinen ebenso verfahren wie mit den Armen. Zum Schluss die Arme leicht ausschütteln.

Auch andere Übungen aus diesem Buch eigenen sich für die Therapeutin. Sie können hilfreich sein, keine Probleme mit in die Freizeit zu nehmen. Bleibt am Ende des Arbeitstages ein vages Unbehagen zurück, lässt sich das eventuell mit Übungen aus dem Kapitel *Seele auf Papier* (▶ Kap. 8), wie Gefühle in den Tabellen (▶ Kap. 8.6) auflösen. Die Stichwörter könnten heißen: Ärger, Scham, Verletzung ... Auch die Übung *Ruhe spüren* (▶ Kap. 1.2) eignet sich gut.

Wenn ich nach einem anstrengenden Arbeitstag angespannt bin, nehme ich mir manchmal Zeit für folgende Übung:

Übung: Bewegung entstehen lassen

Ich stehe aufrecht bei einer ruhigen Musik und folge aufmerksam meiner Atmung. Ich atme und höre Musik (mit mehr kann sich das Gehirn nicht gleichzeitig beschäftigen). Ich lasse Bewegung entstehen, zuerst in den Händen, möglichst ohne an die Bewegung zu denken. Sie kommt wirklich wie von selbst. Es könne andere Bewegungen dazukommen. Ich übe so lange, wie ich Lust habe. Es darf ein Tanz werden.

11.2 Therapie ist ein Raum, in dem zwei Menschen zu Hause sind

In einer meiner Therapien fragte ich meine Therapeutin, ob ich meinen Stuhl an einen anderen Platz stellen dürfe. Sie antwortete: »Ja sicher! Solange du hier bist, ist das unser gemeinsamer Raum.« Das hat mich sehr verblüfft, und ich muss zugeben, dass ich in den ersten Jahren meiner therapeutischen Arbeit darauf bedacht war, mir meinen Raum zu sichern, natürlich nicht nur im geografischen Sinn. Danach gab es eine Phase des Gegenteils, bis ich meiner Rolle sicher war und den Raum angemessen teilen konnte. Wie wichtig das sein kann, zeigte mir die Arbeit mit einer hoch narzisstischen Patientin. Als ich einmal einem ihrer rigiden Statements über die allgemeine Bosheit der Menschen widersprach, sagte sie: »Hier geht es nicht darum, was Sie meinen!« – Vorsichtig und in der Arbeit mehrerer Sitzungen machte ich sie auf meine Gegenwart aufmerksam, in dem ich manchmal sagte: »Das verstehe ich«, »Das habe ich gehört« und sie um Erklärungen bat, wenn ich etwas nicht verstanden hatte. Dabei wurde ihr deutlich, dass mein Zugegensein und meine Anteilnahme sehr wohl für sie von Bedeutung waren. Dieser Prozess gipfelte Wochen später in dem Satz der Patientin: »Was sagen Sie denn dazu?«

Im gemeinsamen Raum agieren zwei Menschen in unterschiedlichen Rollen. Die Verteilung der Rollen ist reiner Zufall. Wäre der Patient Zahnarzt oder Automechaniker und die Therapeutin hätte Schmerzen oder eine Panne, wären die Abhängigkeiten anders verteilt. Nicht zu vergessen: Es handelt sich auch um zwei Menschen, die beide ein Leben leben, in dem es Entsagungen und Verletzungen gibt (vgl. Hofmann & Roesler, 2010, S. 82f.).

Manche Patienten nehmen äußerst sensibel wahr, dass und wie ich anwesend bin. Bisweilen fragen sie: »Geht es Ihnen nicht gut?« oder »Woran haben Sie gerade gedacht?« In diesen Fällen frage ich nach ihrer Wahrnehmung und gebe eine kurze, angemessene Erklärung.

Es ist wichtig, dass das Gefälle zwischen Therapeutin und Patientin nicht allzu groß wird. Natürlich ist die Patientin die eigentliche Fachkraft für sich selbst. Wenn sie zum Beispiel fragt: »Warum bin ich so – warum mache ich das immer wieder«, antworte ich, dass nur sie das wissen könne, die Antwort sei in ihr, ich könne helfen, die Antwort herauszufinden. Viel Freude macht es mir auch, die persönliche Kompetenz der Patientin in den Mittelpunkt zu stellen. Diese Freude begann mit meiner Arbeit an der Beratungsstelle für Studierende an der Universität Bremen. Ich leitete eine Gruppe von Studierenden mit Arbeitsstörungen, die hauptsächlich darin bestanden, dass es ihnen schwerfiel, ihre Arbeitszeit zu strukturieren. Es gab formale Regeln, denen sich die Teilnehmer verpflichteten. Immer wieder wurden aber auch die Inhalte der Arbeiten zum Thema. Es war, als ginge ich wieder zur Schule. Ich erfuhr Inhalte aus den Studienfächern Physik, Geschichte, Mathematik, Architektur und Germanistik.

Bei allen Patienten, die sich für eine Psychotherapie entscheiden, gibt es solche erwachsenen Anteile, sei es aus ihrem Beruf oder ihren persönlichen Interessen. Und wir können uns mit diesen Anteilen verbünden.

Formalitäten: Wünsche an den Therapeuten

Immer wieder auftretende Wünsche beziehen sich auf das Setting. Dabei sind viele Aspekte zu berücksichtigen. In der Regel bin ich großzügig, wenn es um das Verschieben einzelner Stunden oder um die Umlegung des festen Termins geht. Und ich habe keine Einwände, wenn ein Patient seinen Urlaub plant. Er muss sich damit nicht nach meinem richten. Allerdings lasse ich mir für Absagen oder Verschiebungen die Gründe sagen. – Auch Dienstreisen, Familienfeste gehören zu Ereignissen, die eine Terminänderung erfordern können. Das Leben hat auch mal Vorrang vor der Therapie.

11.3 Beziehung und Freude sind die Hauptwirkfaktoren

Zur Freude gehört besonders jene, die die Therapeutin an ihrer Arbeit hat. Die Beziehung wird gestärkt durch ihre Rollensicherheit und ihre Vermittlung des Glaubens an die Wirksamkeit einer Therapie. Auf der Ebene der Beziehung nimmt die Therapeutin das Anliegen des Patienten ernst – auch, wenn es ihr befremdlich ist. Das klingt so selbstverständlich, ist es aber nicht. Sicher kennen wir alle Zeiten, in denen es uns nicht gut geht, in denen wir persönliche Probleme haben oder es solche in unserem nahen Umfeld gibt. In schwierigen Zeiten habe ich manchmal gedacht, der Patient habe es doch gut, warum müsse er immer jammern? Dann musste ich mir sagen, was ich auch den Patienten sage, die manchmal Bedenken haben, denjenigen Menschen den Platz wegzunehmen, die vielleicht schwerere Probleme haben: Gefühle sind subjektiv, jemand kann unter dem Tod eines Haustieres genauso leiden wie andere unter einer schweren Krankheit.

Gleichzeitig ist es aber auch keine therapeutische Sünde, ein Problem nicht ernst zu nehmen, solange der Patient sich ernstgenommen fühlt. Wichtig ist es, mir selbst einzugestehen, dass ich gerade so empfinde. Auch, wenn ich ein *Problem* nicht ernst nehme, nehme ich immer den Patienten ernst, er ist nicht das *Objekt* irgendeiner Behandlung, sondern ein *Subjekt*, das mit mir den Raum teilt. So, wie Fernandez und Zahavi in ihrem kleinen Aufsatz *Can We Train Basic Empathy?* beschreiben:

> »The most basic form of empathy acquaints you – in the most direct and immediate manner possible – with another's experiential life. Importantly, on this account empathy is not about me having the same mental state as the other, but about me being experientially acquainted with an experience that is not my own.« (Ferndandez & Zahavi, 2020, S. 1f.)

Manchmal fällt es mir schwer, das wiederholtes Jammern über Kleinigkeiten ernst zu nehmen. Ist die Arbeitsbeziehung stabil genug, spreche ich dann auch über den *Habitus* des Dramatisierens – der natürlich einen psychodynamischen Hintergrund hat. Das Problem eines Patienten nicht ernst zu nehmen, kann auch eine wichtige Gegenübertragung sein: Vielleicht verbirgt sich ganz etwas anderes dahinter? Da hilft nur die Mitteilung dieses Gefühls. Die Antwort der Patientin führt dann meist auf den eigentlichen Weg.

Eine wesentliche Bedingung für die Freude an der Arbeit ist die Freude außerhalb der Arbeit. Natürlich bringen gut laufende Therapien auch viel Energie, Freude an der Mitarbeit und der Entwicklung eines Patienten. Aber diese Art von Handel zu betreiben, kann in ein Minus führen, sogar in eine Mitgefühlsmüdigkeit. Therapeutische Arbeit funktioniert nicht als altruistische Abtretung. Diese Haltung kann eine entstehende *Mitgefühlsmüdigkeit* andeuten oder bereits ein Symptom dafür sein. Dann ist eine verstärkte Selbstfürsorge angesagt – zum Beispiel ein langer, abenteuerlicher Urlaub, eine eigene Therapie oder eine Kur (vgl. Rohwetter, 2019).

Besonders schön sind die Stunden, in denen Freude mit den Patienten gemeinsam erlebt werden kann. Oft geschieht es, dass Patienten, die sich gerade glücklich oder zufrieden fühlen, in die Stunde kommen und sagen: »Mir geht es gut, ich weiß gar nicht, was ich erzählen soll.« Ich erkläre dann, dass für diese guten Gefühle auch Platz in der Therapie ist. Therapie ist wie ein Garten. Man bekommt keinen schönen Garten, wenn man nur immer Unkraut jätet. Es braucht auch schöne Pflanzen, Blumen, Kräuter und Früchte. Diese müssen gehegt und gepflegt werden. Wenn also gerade Blumen blühen, wollen wir uns auch an ihnen freuen und nicht nach dem Unkraut suchen. Natürlich ist das Arbeiten mit der Freude auch Therapie!

Wir suchen nach den Hintergründen. Ich lasse mir also genau so intensiv von einer Freude erzählen wie von einem negativen Ereignis und freue mich mit. Wie ist diese Freude entstanden? Gibt es Bedingungen für Freude, die der Patient selbst herstellen kann? Wie kann dieses Gefühl gestärkt, vielleicht sogar wiederholbar gemacht werden? Am Ende solcher Sitzungen bedanken wir uns manchmal gegenseitig für diese schöne Stunde. Das geschieht übrigens auch, wenn wir eine schwere Stunde gemeinsam durchgestanden haben und am Ende beide etwas Wesentliches besser verstehen. Das Verständnis für einen Patienten und seine Probleme erreichen wir nicht ohne seine Hilfe – Therapie ist gemeinsame Arbeit.

Freude an/bei der Arbeit entsteht auch durch äußere Dinge, wie die liebevolle Gestaltung der Praxis. Manche Kolleginnen brauchen in ihrem Raum einen festen Platz, nehmen Sie ihn sich! Kleine persönliche Gegenstände, auf die Sie manchmal blicken, können sehr tröstlich sein. So habe ich auf einem kleinen Tisch einen wenige Zentimeter großen bunten Ganesh stehen, den indischen Elefantengott, der für Glück, Gesundheit und Reichtum steht und überhaupt alle Hindernisse aus dem Weg räumen soll. Er hat ein Notebook auf seinem Schoß.

Heisterkamp (1993, S.20f.) weist nachdrücklich darauf hin, dass die Freude an der Arbeit und die Freude am Patienten sich gegenseitig ergänzen und wichtige Wirkfaktoren für eine gelingende Therapie sind: »Die freudige Anteilnahme an der wiedererwachten Lebendigkeit des Patienten ist ein bis heute weitgehend vernachlässigter Wirkfaktor der Psychotherapie« (Heisterkamp,1993, S.121). Auch Therapeuten verfallen manchmal der Zensur des übelriechenden Eigenlobs. Es ist doch erlaubt, voller Freude zu sagen: »Das war gute Arbeit!« Und auch: »Diese Patientin wird ihren Weg finden, sie kommt in Kontakt zu ihren Gefühlen und Ressourcen.«

Viel zu selten habe ich erlebt, wie gute Arbeit in der Super- oder Intervision zum Thema wird. Was wäre dabei, sich von Kollegen und Kolleginnen loben zu lassen? Gelobt wird höchstens, wenn aus einer schwierigen Situation ein Ausweg gefunden wurde, am besten mit Hilfe der Kollegen. Andererseits kann der Bericht über gute Arbeit, unerwartete positive Entwicklungen oder kreative Lösungen von Problemen für alle inspirierend sein. Dann gibt es nicht nur die gemeinsame Freude, sondern auch den Impuls: »Das könnte ich auch mal probieren, es würde gut zu Frau Y. passen«.

Übung für Kolleginnen und Kollegen (zur Stärkung der Rollensicherheit)

Wir wissen, dass wir nicht allen Menschen helfen können, dass manche Therapien nicht optimal gelaufen sind und der ein oder andere Patient besser einen anderen Therapeuten oder eine andere Therapieform gewählt hätte. Ein ehrlicher Umgang mit den eigenen Schwächen ist hilfreich, wenn er nicht zur Selbstentwertung führt. Es ist wichtig, immer mal auf die andere Seite zu sehen. Mein Vorschlag: Führen Sie ein kleines Notizbuch, in dem Sie besonders fabelhafte Therapieverläufe aufschreiben oder auch wunderbare Stunden.

Besonders schön finde ich es immer, wenn eine Patientin nach einer langen Zeit wiederkommt mit den Anliegen, ein bestimmtes Thema mit mir besprechen zu wollen. Solche Aufträge nehme ich gern an, sogar zu Zeiten, wo ich eigentlich keinen Patienten mehr aufnehmen will. Ich nehme mir dann auch die Zeit, mir erzählen zu lassen, was sich zwischen unseren Begegnungen ereignet hat und freue mich an der Entwicklung des gereiften Menschen, der da vor mir sitzt. Da gibt es viele positive Überraschungen!

11.4 Der Therapeut kann (fast) gar nichts falsch machen

Dieser Satz mag im ersten Augenblick sehr vermessen klingen. Ich spreche hier allerdings nicht von Verstößen gegen die Berufsethik oder von einer Behandlung, die aufgrund einer Fehldiagnose nicht hilfreich sein kann. Ich spreche von Interventionen, Vorschlägen und Deutungen, die der Therapeut macht. Gerade ungewöhnliche oder ungewohnte Interventionen bringen den therapeutischen Prozess oft weiter. Natürlich ist eine solche Intervention nicht immer von raschem Erfolg und wunderbaren Erkenntnissen gekrönt. Die Patientin kann zuerst ablehnend sein. Vielleicht braucht sie Zeit, um die neue Idee zu verarbeiten. Vielleicht kommt gar nicht an, was der Therapeut gesagt hat.

> Bei Herrn K. war es so: Er hatte eine massive negative Übertragungsproblematik mit seinem Vorgesetzten. So sehr ich auch deutete: »Sie sprechen von Ihrem Chef in der gleichen Weise wie von Ihrem Vater.« Auch das direkte: »Ihr Chef ist nicht Ihr Vater« half nicht. Herr K. reagierte wütend: »Das weiß ich auch!« Viele Wochen nahm der Konflikt mit dem Vorgesetzten alle Therapiesitzungen ein. Herr K. hatte Angst vor ihm, die dann in hilflose Wurt umschlug. Bis ich ihm vorschlug, er solle seinem Vorgesetzten ins Gesicht sehen, wenn ein Konflikt im Anflug war und sich sagen: »Sie sind nicht mein Vater!« Das ›Sie‹ war wichtig zur

> Differenzierung und Distanzierung. Seinen Vater siezt man nicht. Herr K. sah mich ärgerlich an: »Warum haben Sie mir so etwas nicht schon lange gesagt?« Das lehrt uns: Es kann Interventionen/Deutungen geben, die ganz richtig sind. Sie wirken erst zu dem Zeitpunkt, zu dem die Patientin dafür offen ist. Und manchmal kommt es auf die Formulierung an.

Manchmal lehnen Patienten eine Intervention mit sichtbar starken Gefühlen ab. Das ergibt eine wunderbare Inspiration zum Weiterarbeiten. Der Therapeut kann aber auch in eine Falle geraten, wenn er durch eine heftige Ablehnung gekränkt ist. Hinter einer gefühlvollen Ablehnung verstecken sich viele Geschichten. Zuerst frage ich den Patienten, wie er sich gerade fühle. Und dann vielleicht, woher er diese Gefühle kennt. Selbst, wenn mein Vorschlag wirklich unglücklich war, zeigt die Reaktion, dass wir in eine Übertragungssituation geraten sind.

Natürlich kann ich auch etwas sagen, was eher meiner Stimmung entsprungen ist, vorschnell und/oder unüberlegt war und deshalb kränkend. Ich kann dann die Kränkung des Patienten interpretieren. Im Laufe der Jahre habe ich allerdings die Erfahrung gemacht, dass es hilfreicher ist, die Arbeitsbeziehung stärkt und den Patienten entspannt, wenn ich mich einfach entschuldige. Ganz gleich, ob ich vielleicht doch recht hatte, es steht mir nicht zu, einen Patienten zu kränken und es fällt mir inzwischen leicht, einfach zu sagen: »Danke, dass Sie das Thema erwähnt haben. Und es tut mir leid, Sie gekränkt zu haben.«

11.5 Wie der Patient sein Leben gestaltet, ist allein seine Sache

Ist das nicht selbstverständlich? Auf den ersten Blick ist es so. Aber haben wir nicht manchmal das Gefühl zu wissen, was für eine Patientin gut ist? Oder ein noch stärkeres Gefühl, was für sie nicht gut ist? Dürfen wir unser Gefühl dann nicht mitteilen? Wir dürfen – ganz behutsam und ohne zu insistieren, sonst hat die Patientin keine Chance, über ihre Entscheidung noch einmal nachzudenken.

Ich erinnere mich dabei an meine Lehrtherapie zur Bioenergetischen Analytikerin. Ich arbeitete in einer Beratungsstelle. Es gab einige Auseinandersetzungen im Team, die ich angestoßen hatte. Mein Lehrtherapeut meinte, es sei Zeit für mich, eine Praxis zu eröffnen. Das war noch zur Zeit der Kostenerstattung und die Idee machte mir Angst. Ich diskutierte mit ihm – wir drehten uns im Kreis. Nach einer Weile stellte er fest: »Sie wollen ja gar keine Praxis eröffnen!« – »Nein, noch nicht,« war meine Antwort. Darauf sagte er: »Dann müssen wir gar nicht darüber reden.« Ich befürchtete, ihn gekränkt zu haben, aber er erklärte, er werde jede klare Entscheidung von mir akzeptieren und nehme sich nicht das Recht zu einer Kritik daran. Meine Praxis habe ich dann zwei Jahre später mit viel Freude und wenig Ängsten eröffnet.

Es gibt auch Situationen, in denen es ungeheuer schwer ist, sich nicht einzumischen. Wenn ich den Eindruck habe, dass der Patient sich oder anderen schadet, versuche ich zu intervenieren. (Ich spreche nicht von Sachlagen, die in den Bereich der Kriminalität gehören, da entscheide ich anhand der Schwere der Tat, ob ich intervenieren muss.). Manchmal ist es ausreichend, das Problem im therapeutischen Rahmen zu bearbeiten. Dem sind natürlicherweise Grenzen gesetzt. Das kann sogar zum Ende der Therapie führen.

> Beispiel: Eine Patientin berichtete mir über ihre Gefühle zu ihrer Tochter. Sie habe nie ein Kind bekommen wollen, und jetzt sei sie ganz unglücklich damit. Ihr Mann liebe dieses Kind, er habe es unbedingt gewollt. Ich konnte es nur schwer ertragen, wie sie über dieses kleine Mädchen und ihre Beziehung zu ihm sprach. In der Supervision wurde ich darauf hingewiesen, dass ich eher auf der Seite des Kindes stand als auf der meiner Patientin. Das stimmte. Mit großem Bedauern habe ich die Therapie beendet.

Ähnliche Entscheidungen von Patienten, mit denen wir Therapeutinnen und Therapeuten Schwierigkeiten bekommen können, sind zum Beispiel: Entscheidungen für oder gegen eine Partnerschaft, Entscheidung für oder gegen Kinder, Berufswechsel und so weiter. In der Regel geht es also um existenzielle Entscheidungen. Diese kann der Patient zwar mit unserer Unterstützung fällen, aber am Ende hat er sie allein zu verantworten – und muss auch nach der Therapie noch mit den Folgen leben. Das sollte auch im Prozess sehr deutlich werden. Diese Lehre habe ich aus folgendem Therapieerlebnis gezogen:

> Eine Patientin litt sehr in ihrer Ehe mit einem Mann, der stark autistische Züge aufwies und sich vierzehn Stunden am Tag mit seiner Arbeit

beschäftigte. Er überließ ihr Haushalt und Kinder, ihre beruflichen Wünsche spielten keine Rolle. Von Liebe war schon lange nicht mehr die Rede. Sie verliebte sich – und leitete prompt die Trennung ein. Nach zwei Jahren kam sie in die Praxis zurück, berichtete über Probleme mit dem neuen Partner, der mit den Kindern überfordert sei. Sie bedauerte die Trennung und warf mir vor, ich habe ihr ja dazu geraten, nun habe sie keinerlei finanzielle Sicherheit mehr. Meine Intention war gewesen, ihren Wunsch nach Veränderung zu unterstützen...

Es gibt Entscheidungen, die ich ethisch (oder auch moralisch) nicht mittragen kann oder muss, wie zum Beispiel einen fortgesetzten Betrug oder die Entscheidung nicht mehr zu arbeiten. Natürlich haben die Patienten das Recht auf ihre Entscheidung und ihre Lebensgestaltung. Aber ich darf nach dem Warum fragen.

11.6 Wir können nicht allen Menschen helfen

Dies war eine der Erfahrungen, die mich als junge Therapeutin am meisten gekränkt haben. Ich begann meine Arbeit voller Elan und mit der dazugehörenden Selbstüberschätzung. So nahm ich Menschen in die Behandlung, die mir klagten, wie viele Therapieversuche sie schon gemacht oder wie viel Therapeuten sie abgewiesen haben. Ich stimmte den Klagen über unzulängliche Kollegen zwar nicht zu, kam aber schnell zu Urteilen wie: Sie fürchteten sich vor Symptomen, sie können die starken Gefühle der Patienten nicht ertragen usw. Schnell entschied ich mich für diese Patienten und hatte bald den Ruf, mit besonders schwierigen Menschen arbeiten zu können. Lange Zeit tat ich das und lernte dabei besonders auch, dass Therapie harte Arbeit sein kann.

Bevor ich begann, sicherer auszuwählen, was ich mir an Patienten mit schwierigen Diagnosen zumuten wollte, musste ich mich einige Male trennen, zum Beispiel, weil ich keinerlei Bereitschaft bei der Patientin erkennen konnte, etwas zu verändern – diesen Zustand hielt ich mit einer Patientin sogar fast zehn Jahre aus.

Bei einer anderen Patientin entstand ein Problem dadurch, dass ich mich aufgrund ähnlicher Biografien stark identifizierte, allerdings mit dem halbbewussten Gedanken: Ich habe es doch auch geschafft, also warum tut sie nichts? Das brachte mich dazu, viel zu viele Vorschläge zu machen, die sie alle nicht befolgen konnte. Ihre Antwort war immer: »Sie verstehen mich nicht!« Und damit hatte sie recht.

Bei einem anderen Patienten kam es nach einigem Ringen zu einer Trennung im gegenseitigen Einvernehmen. Er hatte eine massive negative Mutterübertragung, die er zwar erkannte aber nicht lösen konnte oder wollte. Seine Mutter war sehr übergriffig und emotional missbrauchend gewesen. So sah er (fast) jeden Satz von mir als einen Angriff seiner bösen Mutter.

In den ersten Jahren meiner Arbeit als Therapeutin vertraute ich stark meinem Gefühl und meiner Fachlichkeit. Schon nach der ersten Stunde entschied ich mich, ob ich mit einem Patienten arbeiten könne oder nicht. Später fiel mir wieder ein, was damals mein Lehrtherapeut gesagt hat, als ich mich bei ihm vorstellte: »Ich brauche drei Stunden, um entscheiden zu können, ob ich jemanden jahrelang mitfühlend begleiten kann!«

Nachdem ich mir die Erlaubnis gegeben hatte, nicht mehr jeden nachfragenden Menschen in die Therapie nehmen zu müssen, erhob sich eine andere Frage: Wie sage ich es? Sicher ist, dass alle Menschen, die Hilfe suchen, über eine Zurückweisung gekränkt sind. Ich verstehe und respektiere das. Deshalb begründe ich die Ablehnung niemals mit der Person des Kandidaten. Ich stelle fest, dass sie oder er wirklich Hilfe braucht, und denke ernsthaft über Alternativen nach. Ich nutze die zweite therapeutische Sprechstunde, wenn ich in der ersten einen Einblick in die Problematik bekommen habe. Ich stelle dann mögliche Alternativen vor, spreche eventuell eine Empfehlung aus – und bin dankbar für die Möglichkeit einer Akuttherapie. Damit signalisiere ich mein Ernstnehmen und der Patient hat Zeit, sich anderswo umzusehen.

11.7 Die Therapeutin darf Stellung beziehen

Es gibt Zusammenhänge zwischen persönlichem Schicksal/individueller Neurose und sozialen und politischen Bedingungen. Arbeitslosigkeit ist vielleicht ein auslösender Faktor für eine Depression. In der sozialen Herkunft können Ursachen für antidemokratische Einstellungen und Fremdenfeindlichkeit liegen. Es gibt Äußerungen, bei denen es mir schwerfällt, auf der Seite des Patienten zu sein. Am leichtesten ist es, wenn ich Fremdenfeindlichkeit oder Homophobie als Symptom und Abwehrreaktion tiefliegender Ängste oder unsicherer Identität betrachte. Es ist notwendig, Patienten mit gruppenbezogenen Feindseligkeiten besser zu verstehen, ihre Ängste aufzuspüren und ihnen diese deutlich zu machen.

Im Augenblick liegt mir dieses Thema besonders am Herzen, da ich gerade eine Fortbildung dazu vorbereite, die heißt *Die Angst vor dem Fremden oder die Angst vor den Fremden*. Natürlich liegt darin bereits eine Deutung. Mir ist es sehr wichtig, deutlich zu machen, dass die therapeutische Beziehung eine solche Haltung auch tragen kann, wenn ich mich nicht in Diskussionen verwickle.

Gründe für eine Einmischung können viele sein: kriminelles Verhalten einer Patientin, unerträgliche familiäre Beziehungen, politische, also undemokratische Äußerungen oder Bemerkungen gruppenbezogener Menschenfeindlichkeit.

> Ein Beispiel: Einmal wurde unsere eine Therapiesitzungen durch lautstarke Musik und Megafonreden unterbrochen. Der Patient sprang auf, lief ans Fenster und machte eine sehr üble Bemerkung über die Demonstranten. Noch bevor ich bereit war, mit ihm nach den Beweggründen für dieses Verhalten zu suchen, entfuhr es mir: »Ich bin froh, dass ich in einem Land lebe, in dem man demonstrieren darf und dass es Menschen gibt, die dieses Recht nutzen.« Er war sehr verblüfft über meine impulsive Äußerung. Anschließend ergab sich eine ausgesprochen konstruktive Arbeit.

Auch eingemischt habe ich mich bei einer Patientin, die nach der schmerzhaften Trennung von ihrem Mann begonnen hatte, ihren kleinen Sohn zu schlagen. Sie kam unter anderem mit diesem Problem in die Praxis. Da eine Psychotherapie nicht so einfach als Krisenintervention funktioniert, stellte ich eine Bedingung für den Beginn einer Therapie: Sie möge gleichzeitig eine Erziehungsberatungsstelle aufsuchen. Sie tat dies – und es gelang ihr schnell, ihr Verhalten ihrem Kind gegenüber zu verändern. So konnten wir die Therapie beginnen.

Ein letzter, beim Schreiben dieses Buches aktueller Fall: Corona war ein wichtiges Thema in den Therapien und wurde mit der Dauer der Pandemie immer dringlicher. Dann begann die Diskussion um das Impfen. Ich sprach dieses Thema nicht an. Wenn ich aber gefragt wurde, sagte ich unverblümt und untherapeutisch meine Meinung.

12

Anhang

12.1 Kleine Sammlung von Geschichten und klugen Sprüchen

Vielleicht macht es Ihnen Spaß, Geschichten oder Sinnsprüche bestimmten Patienten zuzuordnen. – Leider kann ich nicht von allen Geschichten Quellen angeben, selbst im Internet waren sie nicht immer eindeutig. Oft erzählt, mündlich weitergegeben und wieder erzählt und dann aufgeschrieben, gehören diese Geschichten schon fast zum Volksgut (oder neudeutsch zur Public Domain).

Die perfekte Frau

Ein Schüler fragte Nasrudin eines Tages, warum er nie geheiratet habe. »Ach«, antwortete Nasrudin, »ich hatte mir vorgenommen, nur dann zu heiraten, wenn ich die perfekte Frau gefunden habe. So suchte ich lange Jahre und begegnete vielen Frauen, die nett, schön und intelligent waren.

Aber keine davon war perfekt.« Nach einer kleinen Pause fuhr er fort: »Eines Tages sah ich sie. Ich wusste sofort, dass sie in jeder Hinsicht perfekt war. Und als ich sie dann kennenlernte, stellte sich heraus, dass sie tatsächlich in jeder Hinsicht ein makelloses Juwel war.«

»Und, warum hast du sie dann nicht geheiratet?« fragte der Schüler.

Nasrudin seufzte tief: »Das Problem war, dass sie den perfekten Mann suchte.«
(vgl. Prünte, 2017, S. 131f.)

Von der Schwierigkeit der Veränderung

Nasrudin war inzwischen ein alter Mann, der auf sein Leben zurückblickte. Er saß mit seinen Freunden im Teehaus und erzählte seine Geschichte. »Als ich jung war, hatte ich ein freudiges Gemüt – ich wollte jedermann ändern. Ich bat Allah um die Kraft, die Welt zu ändern. Im mittleren Alter wachte ich eines Tages auf und erkannte, dass mein halbes Leben vorbei war und ich niemanden geändert hatte. So bat ich Allah um die Kraft, jene in meiner Nähe zu ändern, die es am meisten nötig hatten. Leider, nun bin ich alt und mein Gebet ist: ›Allah‹, bete ich, ›bitte gib mir die Kraft, wenigstens mich selbst zu ändern.‹«
(eine Sufi-Geschichte)

Diese Geschichte spiegelt die berufliche Entwicklung vieler Therapeutinnen und Therapeuten.

Geschichte von Abraham Meilstein

Abraham Meilstein war wegen Betrugs zu zwei Jahren Zuchthaus verurteilt worden. Als er nach Verbüßung der Strafe nach Hause kommt, findet er ein Kind von acht Monaten vor, dass ihm seine Frau inzwischen geschenkt hat.

Kurze Zeit darauf stirbt dieses Kind, und Meilstein muss als Vater die Trauer mitmachen, d. h. acht Tage lang im Hause bleiben und, wie der Ritus es für die nächsten Angehörigen eines Dahingeschiedenen vorschreibt, auf einem niedrigen Schemel sitzen.

Als ihm ein Besucher seine Anteilnahme ausspricht, gibt er seufzend zur Antwort: »Lass gut sein … In meinem ganzen Leben habe ich noch nicht so unschuldig gesessen wie jetzt …«

12.1 Kleine Sammlung von Geschichten und klugen Sprüchen

Wie man sich selbst verrät

Sie kennen diese Geschichte. Sie steht schon im Neuen Testament unter der Metapher, den Dorn im Auge des anderen zu sehen, aber nicht den Balken im eigenen (vgl. Mt. 7,3).

Im Wirtshaus zu Neutra in Ungarn sitzen fünf Herren um den Tisch und spielen *Einundzwanzig*, das bekannte Kartenspiel. Plötzlich schlägt József Varga mit der Faust auf und schreit: »Ganeff ... Ganeff ... (Spitzbube) ... halt, einer spielt falsch!« »Wieso?«, rufen die andern. »Wieso? Wer?« »Weiß ich, wer? Aber ich hab in meinem Stiefel ein fünftes Ass gehabt, und das hat mir einer gestohlen ...«

Zwei mangelhafte Backsteine

Diese Geschichte erzählt Brahm (2007) in seinem Buch von der Kuh, die weinte. Sie ist ausgesprochen hilfreich für Menschen mit einem starken Hang zur Perfektion und den daraus entstehenden Minderwertigkeitsgefühlen, nicht gut genug zu sein. Manchmal ist diese rigide Selbstanforderung auch der Hintergrund für diverse Scham- und Schuldgefühle. Die Geschichte ist auch geeignet für Menschen, die permanent über ihre Partner klagen. Sie sehen oft nur die beiden mangelhaft eingesetzten Steine – bei dem anderen und bei sich selbst.

Und so geht die Geschichte:

Eine Gruppe buddhistischer Waldmönche aus Thailand hatte sich ein Grundstuck gekauft, um ein Kloster zu bauen. Damit war ihr Vermögen fast aufgebraucht. Bauen mussten sie selbst, schon das Material war sehr teuer. Ajahn Brahm, selbst einer der Mönche, arbeitete also als Maurer. Nach einer Weile des Übens gelang es ihm, eine Backsteinwand perfekt zu mauern. Aber dann: »Voller Stolz trat ich einen Schritt zurück, um mein Werk zu begutachten. Erst da fiel mir auf – das durfte doch nicht wahr sein! –, dass zwei Backsteine das Regelmaß einer Mauer mit 1000 Steinen störten. Alle anderen Steine waren ordentlich zusammengesetzt worden, aber diese zwei saßen ganz schief in der Mauer. Ein grauenvoller Anblick! Zwei Steine hatten mir die ganze Mauer versaut!« (Brahm, 2007, S. 22).

Er schämte sich sehr, besonders, wenn Besucher kamen, um das neue Kloster zu besichtigen. Bis nach einigen Monaten ein Gast stehenblieb und sagte: »Was für eine schöne Mauer!« Brahm wies ihn auf die beiden schief eingesetzten Steine hin, ob er das nicht sähe. Der Mann antwortete: »Ich sehe die beiden mangelhaft ausgerichteten Backsteine. Aber ich sehe auch 998 gut eingesetzte Steine.«

Gleichzeitig handelt es sich bei diesem Fehlerchen um eine individuelle Eigenschaft der Mauer, die sie von allen anderen unterscheidet, das macht sie besonders. So, wie es manchmal die Werbung beschreibt: Jedes Stück ein Unikat.

Der Fuchs und der Tiger

Folgende Geschichte erzähle ich gern Patienten, die sich hilf- und machtlos fühlen. Ich nenne sie dann auch *Auf der Suche nach dem Tiger*. Diese Suche schließt sich meist an die Bearbeitung einer Kränkung an.

»Ein Mann, der durch einen Wald ging, sah einen Fuchs, der seine Beine verloren hatte und fragte sich, wie er überleben könne. Da sah er, wie ein Tiger mit Jagdbeute in seinem Maul ankam.

Der Tiger fraß sich satt und ließ den Rest des Fleisches für den Fuchs übrig.

Am nächsten Tag fütterte Gott den Fuchs mit Hilfe desselben Tigers. Der Mann staunte über Gottes Erhabenheit und sagte sich: »Auch ich werde in einem ruhigen Winkel ausharren, im vollen Vertrauen auf den Herrn, und er wird mir alles besorgen, was ich brauche.«

So tat er viele Tage lang, aber nichts geschah, und er war schon dem Tode nah, als er eine Stimme hörte, die sagte: »Oh du, der du auf dem Irrweg bist, öffne deine Augen für die Wahrheit. Folge dem Beispiel des Tigers und höre auf, den behinderten Fuchs nachzuahmen.«
Sufi-Geschichte (Kornfield & Feldman, 1998, S. 28)

12.2 Aphorismen und andere Weisheiten

Das Schicksal hat nichts so schlimm gemacht, dass nicht irgendwo auch Freuden das Leid mildern. (Ovid 43 v. Chr.–ca. 17 n. Chr.)

Da es der Gesundheit zuträglich sein soll, habe ich beschlossen, glücklich zu sein. (Voltaire 1694–1778)

Es gibt auf alle Fragen mindestens drei Antworten und für jedes Problem mindestens drei Lösungen. (Russisches Sprichwort)

12.2 Aphorismen und andere Weisheiten

In meinem Leben gab es viele Katastrophen, und manche sind tatsächlich passiert. (Mark Twain 1835-1910)

Ohne Leiden bildet sich kein Charakter, ohne Vergnügen kein Geist. (Ernst Freiherr von Feuchtersleben 1806-1849)

Probleme lassen sich niemals durch dieselbe Denkweise lösen, durch die sie entstanden sind. (Albert Einstein 1879-1955)

Die Gaben der Natur und des Glücks sind nicht so selten wie die Kunst, sie zu genießen. (Luc de Clapiers, Marquis de Vauvenargues, französischer Philosoph und Schriftsteller 1715-1747)

Die höchste Vollkommenheit der Seele ist ihre Fähigkeit zur Freude. (Luc de Clapiers Vauvenargues)

Richten wir unsere Aufmerksamkeit lieber auf das, was wir tun wollen und nicht auf das, was schiefgelaufen ist. (Marshall B. Rosenberg 1934-2014)

Viele Menschen wissen, dass sie unglücklich sind, aber noch mehr Menschen wissen nicht, dass sie glücklich sind. (Albert Schweitzer 1875-1965)

Wir alle schreiten durch die Gasse, aber einige wenige blicken zu den Sternen auf. (Oscar Wilde 1854-1900)

Die Welt ist groß und Rettung lauert überall. (Buch- und Filmtitel von Illja Trojanow)

Zerre deine Gedanken weg von deinen Sorgen, an den Ohren, den Füßen oder auf sonst eine Art, die dir recht ist. Das ist das Gesündeste, was ein Körper tun kann. (Mark Twain 1853-1910)

Tapferkeit wird dadurch nicht schlechter, dass sie ein wenig schwerfällt. (George Bernard Shaw 1856-1950)

Literatur

Allione, T. (2009). *Den Dämonen Nahrung geben. Buddhistische Techniken zur Konfliktlösung.* Mit einem Vorwort von Jack Kornfield. München: Goldmann.
Arnold, A. & Lazarus, C. N. (2004). *Der kleine Taschentherapeut. In 60 Sekunden wieder o. k.* Stuttgart: Klett-Cotta.
Bastian, T. (2018). *Es muss doch mehr als alles geben! Ein Plädoyer für seelische Vielfalt und kreative Lebensgestaltung.* Gießen: Psychosozial-Verlag.
Beaulieu, D. (2005). *Impact-Techniken für die Psychotherapie.* Heidelberg: Carl-Auer-Verlag.
Bechstein, L. (1847). *Das Nusszweiglein.* Zugriff am 23.12.2020 unter https://maerchen.com/bechstein/das-nusszweiglein.php.
Bourdieu, P. (1982) *Die feinen Unterschiede. Kritik der gesellschaftlichen Urteilskraft.* Frankfurt a. M: Suhrkamp.
Bowlby, J. (2014). *Bindung als sichere Basis. Grundlagen und Anwendung der Bindungstheorie* (3. Auflage). München, Basel: Ernst Reinhardt.
Brahm, A. (2007). *Die Kuh, die weinte. Buddhistische Geschichten über den Weg zum Glück.* München: Lotos.
Brentrup, M. & Kupitz, G. (2015). *Rituale und Spiritualität in der Psychotherapie.* Göttingen: Vandenhoeck & Ruprecht.
Bronfenbrenner, U. (2004) *Young children Develop in an environment of relationships.* Zugriff am 11.10.2021: https://developingchild.harvard.edu/wp-content/uploads/2004/04/Young-Children-Develop-in-an-Environment-of-Relationships.pdf.
Bucay, J. (2009). *Komm, ich erzähl dir eine Geschichte* (8. Auflage). Frankfurt a. M.: Fischer Taschenbuch.
Chopich, E. & Paul, M. (1993). *Aussöhnung mit dem Inneren Kind.* Berlin: Ullstein.
Dick, F. (2009). *Neuropsychologie und das Unbewusste.* Tagung der Hessischen Neuropsychologen am 23.09.2009. Zugriff am 24.12.2020 unter http://www.dr-franz-dick.com/fortbildungstexte/Das%20Unbewusste%20und%20die%20Klinische%20Neuropsychologie%20Franz%20Dick.pdf.
Doherty, J. (2008). *Der Große Baresi. Ein nicht ganz gewöhnlicher Gangsterroman.* Würzburg: Arena.
Elten, J. A. (1977). *Ganz entspannt im Hier und Jetzt.* Hamburg: Rowohlt.
Ennenbach, M. (2013). *Praxisbuch Buddhistische Psychotherapie. Konkrete Behandlungsmethoden und Anleitung zur Selbsthilfe* (2. Auflage). Oberstdorf: Windpferd Verlagsgesellschaft.
Erikson, E. H. (1973). *Identität und Lebenszyklus.* Frankfurt a. M.: Suhrkamp.
Fernandez, A. V. & Zahavi, D. (2020). *Can We Train Basic Empathy? A Phenomenological Proposal.* Zugriff am 31.12.2020 unter https://www.academia.edu/44646841/Can_We_Train_Basic_Empathy.
Freud, S. & Breuer, J. (1991/1895). *Studien über Hysterie.* Frankfurt a. M.: Fischer.
Freud, S. (1982/1900). *Die Traumdeutung.* (Studienausgabe, Bd. 2). Frankfurt a. M.: Fischer.

Freud, S. (1982/1932) *Das Ich und das Es* (Studienausgabe, Bd. 3). Frankfurt a. M.: Fischer.
Freud, S. (1982/1937). *Die endliche und die unendliche Analyse* (Studienausgabe, Ergänzungsband: Schriften zur Behandlungstechnik). Frankfurt a. M.: Fischer.
Freud, S. (2018). *Manchmal ist eine Zigarre nur eine Zigarre. Eine Anthologie.* Wiesbaden: Marix.
Fritzsche, K. & Hartmann, W. (2016). *Einführung in die Ego-State-Therapie* (3., überarbeitete Auflage). Heidelberg: Carl-Auer-Verlag.
Gallen, M.-A. (2010). *Das Füttern der Dämonen. Eine psychologische Interpretation der buddhistischen Chöd-Praxis.* Zugriff am 13.11.2020 unter https://gallen-praxis.de/das_fuettern_der_daemonen.pdf.
Gendlin, E. T. (1998). *Focusing. Selbsthilfe bei Lösungen persönlicher Probleme.* Reinbek: Rowohlt.
Gibran, K. (2010). *Der Prophet. Der Wanderer. Der Narr.* Köln: Anaconda.
Grimm, J. & Grimm, W. (1989) *Märchen.* Stuttgart, Wien: K. Thienemanns Verlag.
Harner, M. (1999). *Der Weg des Schamanen. Das praktische Grundlagenwerk zum Schamanismus.* München: Hugendubel Verlag.
Heimes, S. (2014). *Schreiben als Selbstcoaching.* Göttingen: Vandenhoeck & Ruprecht.
Heisterkamp, G. (1993) *Heilsame Berührungen. Praxis leibfundierter analytischer Psychotherapie.* Stuttgart: Klett-Cotta.
Hesse, H. (1977). *Demian* (Die Romane und die grossen Erzählungen. Jubiläumsausgabe zum hundertsten Geburtstag von Hermann Hesse, Bd. 3). Frankfurt a. M.: Suhrkamp.
Hilgers, M. (2018). *Der authentische Psychotherapeut. Band 1: Professionalität und Lebendigkeit in der Therapie.* Stuttgart: Schattauer.
Hilgers, M. (2019). *Der authentische Psychotherapeut. Band 2: Behandlungstechnik in komplexen Therapiephasen.* Stuttgart: Schattauer.
Hofmann, L. & Roesler, C. (2010). Der Archetyp des verwundeten Heilers. *Bewusstseinswissenschaften, 1*, 75–90.
Höfner, E. & Schachtner, H.-U. (1997). *Das wäre doch gelacht! Humor und Provokation in der Therapie.* Reinbek: Rororo.
Jung, C. G. (2013). *Kleines Lexikon der Analytischen Psychologie.* Ostfildern: Patmos.
Kast, V. (1989). *Märchen als Therapie.* München: dtv.
Kästele, G. (2014). *Katathymes Bildererleben.* Zugriff am 5.12.2020 unter https://www.therapie.de/psyche/info/index/therapie/katathym-imaginative-psychotherapie/.
Kopp, S. B. (1985/1978). *Triffst du Buddha unterwegs... Psychotherapie und Selbsterfahrung* (3. Auflage). Frankfurt a. M.: Fischer.
Kopp. S. B. (1982) *Rollenschicksal und Freiheit: Psychotherapie als Theater* (bibliotheca psychodramatica, Bd. 6). Paderborn: Junfermann.
Kornfield, J. & Feldman, C. (1998). *Geschichten, die der Seele gut tun.* Freiburg i. Br.: Herder.
Kornfield, J. (2012). *Das innere Licht entdecken. Heilende Meditation für schwierige Lebensphasen.* München: Kösel.
Laplanche, J. & Pontalis, J.-B. (1978). *Das Vokabular der Psychoanalyse. 2 Bände.* (5. Auflage). Frankfurt a. M.: Suhrkamp.
Leuner, H. (1970). *Katathymes Bilderleben: Unterstufe; Einführung in die Psychotherapie mit der Tagtraumtechnik. Ein Seminar.* Stuttgart: Thieme.

Luczak, H. (2000). *Neurologie: Wie der Bauch den Kopf bestimmt.* Zugriff am 12.12.2020 unter https://www.geo.de/wissen/13364-rtkl-neurologie-wie-der-bauch-den-kopf-bestimmt.
Mahler, M. S., Pine, F. & Bergman, A. (2003). *Die psychische Geburt des Menschen. Symbiose und Individuation* (18. Auflage). Frankfurt a. M.: Fischer Taschenbuch.
Moreno, J. L. (1959). *Gruppenpsychotherapie und Psychodrama.* Stuttgart: Thieme.
Osho (2010). *Das Orangene Buch. Die Osho Meditationen* (16. Auflage). Köln: Innenwelt.
Peseschkian, N. (2014). *Der Kaufmann und der Papagei. Orientalische Geschichten in der Positiven Psychotherapie* (33. Auflage). Frankfurt a. M.: Fischer Taschenbuch.
Platsch, A. (2014). *Schreiben als Weg. Von der kreativen Kraft des Wortes* (4. Auflage). Bielefeld: Theseus.
Prünte, T. (2017). *Wie geht es mir heute? 44 mögliche und unmögliche Arten, eine Therapiesitzung zu beginnen.* Stuttgart: Klett-Cotta.
Reddemann, L. (2001). *Imagination als heilsame Kraft: Ressourcen und Mitgefühl in der Behandlung von Traumafolgen.* Stuttgart: Klett-Cotta.
Rehahn-Sommer, S. & Kämmerer, R. (2020). Pflicht zur Selbstfürsorge. *Deutsches Ärzteblatt, 12,* 551–553.
Renn, K. (2016). *Magische Momente der Veränderung: Was Focusing bewirken kann. Eine Einführung.* München: Kösel.
Riemann. F. (2017/1961). *Grundformen der Angst* (41. Auflage 2017), München, Basel: Ernst Reinhard.
Roedel, B. (1994). *Praxis der Genogrammarbeit. Die Kunst des banalen Fragens* (3. Auflage). Dortmund: Borgmann.
Roediger, E. (2018). *Was ist Schematherapie? Eine Einführung in Grundlagen, Modell und Anwendung* (3., überarbeitete Auflage). Paderborn: Junfermann.
Roesler, C. (2016). *Das Archetypenkonzept C. G. Jungs. Theorie, Forschung und Anwendung.* Stuttgart: Kohlhammer.
Rohwetter, A. (2015). *Den Inneren Kritiker zähmen. Strategien und Übungen für ein gutes Selbstwertgefühl* (3. Auflage). Stuttgart: Klett-Cotta.
Rohwetter, A. (2016). *Es gibt ein Leben nach der Therapie. Therapieerfolge stabilisieren und Resilienz stärken.* Stuttgart: Klett-Cotta.
Rohwetter, A. (2017). *Versöhnung. Warum es keinen inneren Frieden ohne Versöhnung gibt.* Stuttgart: Klett-Cotta.
Rohwetter, A. (2019). *Wege aus der Mitgefühlsmüdigkeit. Erschöpfung vorbeugen in Psychotherapie und Beratung.* Weinheim: Beltz.
Rohwetter, A. (2020). *Nur Mut! Vom Umgang mit Ängsten.* Stuttgart: Klett-Cotta.
Schoenaker, T. (2016). *Mutig anders. Psychologie für den Frieden.* Norderstedt: BoD.
Schulz von Thun (o. J.) *Das innere Team.* Zugriff am 3.1.2021 unter https://www.schulz-von-thun.de/die-modelle/das-innere-team.
Sechehaye, M. (1980). *Tagebuch einer Schizophrenen* (6. Auflage). Frankfurt a. M.: Suhrkamp.
Seligman, M. (1979). *Erlernte Hilflosigkeit.* München: Urban & Schwarzenberg.
Titze, M. & Eschenröder, C. T. (1998). *Therapeutischer Humor. Grundlagen und Anwendungen.* Frankfurt a. M.: Fischer Verlag.
Titze, M. & Patsch, I. (2004). *Die Humorstrategie. Auf verblüffende Art Konflikte lösen.* München: Kösel.

Watkins, J. & Watkins, H. *(2003)*: *Ego-States – Theorie und Therapie.* Heidelberg: Carl-Auer-Systeme Verlag.

Yalom, I. D. (2002). *Der Panamahut oder Was einen guten Therapeuten ausmacht.* München: btb.

Yalom, I. D. (2001). *Jeden Tag ein bißchen näher. Eine ungewöhnliche Geschichte.* München: Goldmann.